擺脫冒名頂替症候群

唐保麗 著

提高自己的關係「配得感」

富蘭克林效應 ✕ 社會交換理論 ✕ 登門檻效應
做人不只要獨立自主，還要學會大膽求助！

GET RID OF
IMPOSTER SYNDROME

「人活著，有的事情需要欠人情，麻煩別人；
別人都那樣活著，不要一個人憋著。」

社交好難，但不社交人生會更難！

「不求人」變成「透明人」，「與人方便」才能「與己方便」，
不好意思求助反倒毀掉社交橋梁，信任的基礎其實是相互麻煩，
但求人也要知己知彼，制定策略，還有被拒絕的勇氣！

目錄

推薦序

　　作為節目主持人，與人溝通的技巧必不可少。和不同文化背景、不同表達習慣的人做有效溝通，這非常考驗一個人的社交能力。

　　然而提起社交，我就遇到過有人感慨，「我見到主管就緊張，每次和主管溝通都感覺詞不達意……」、「讓我寫東西還可以，讓我說我就不知道該怎麼開口了。需要溝通的時候，往往猶豫再三」、「在與人溝通的時候，我往往因為一點小分歧就發火了，總是控制不住自己的脾氣，最後事情沒辦好，還總是不歡而散」，這些並不是個別案例。之所以出現這樣的情況，主要是因為不了解溝通的原理和常識。溝通是要講究技巧的，要掌控社交，就離不開高情商的溝通法則。

　　團結力量大！無論在學業上還是事業上，一個人要想獲得成功，就離不開別人的幫助。個人的努力是基礎，「伯樂」的提攜是關鍵。縱使你才華橫溢，不懂得與別人溝通，沒有掌握社交法則，別人不了解你，更不會給你提供發展的舞臺。所以，在社交中大膽、勇敢地向對方說出自己的需求，站在對方的角度思考並提供解決方案，達到雙贏，這才是掌控社交之道。

　　唐保麗女士結合自己的實踐與思考，精心寫作本書，告訴大家如何建立關係、互相幫助、提升自信心，藉助案例講述

了五種高情商社交法則的實際運用方法，啟發讀者怎樣讓社交為人生賦能、給社交迷茫中的人以啟迪、幫助讀者提升有效社交。本書語意通俗易懂，案例豐富具體，實踐性非常強。

如果你在社交中遇到困惑，或者對社交心存恐懼，不妨翻開此書讀一讀，相信一定開卷有益！

節目主持人　劉芳菲

　　情商（EQ）也就是情緒商數，是心理學家提出的與智力和智商相對應的概念。它主要是指人在情緒、情感、意志、耐受挫折等方面的品格。

　　一些人能夠良好地控制自己的情緒，遇事頭腦冷靜、行為理智，能夠及時化解自己的不良情緒，這就是高情商的表現。

　　很多人情緒容易失控、愛發脾氣，有時候因為一點小事情和別人吵得不可開交，把本來很容易解決的事情變得複雜化，這就是情商低的表現。

　　情商高的人，在社交當中不會以自我為中心，會站在對方的角度思考問題，多為對方考慮，從而達到雙贏的結果，因此是社交中的「寵兒」。情商低的人，在社交當中只想占便宜，只讓別人為他付出，而不願意在別人遇到困難的時候，伸出援助之手，久而久之親朋好友都會疏遠他，在社交中處處碰壁，從而成為「孤家寡人」。

　　在社交中能夠順風順水的人，都是高情商的人。我們怎樣才能做一個能夠精準社交的高情商者呢？要做一個能夠精準社交的高情商者，就要掌握一定的溝通技巧。人與人相處離不開溝通。在社交中透過溝通交流，能夠互換資訊，把自己擁有的

資源或能力告訴對方，同時也能夠了解對方的資源和能力，以及清楚雙方的需求。這樣才能夠有效地解決問題，達到溝通的目的。

在社交中，有的人害怕與人溝通，尤其是碰到困難，需要向別人求助的時候，更是張不開口，其實這是心理問題，沒有正確認識人與人之間的關係，不理解需要與被需要的關係。還有的人不怕溝通，遇到一點點問題就開口向別人求助，哪怕自己只要稍微一努力就能夠解決，也一再勉強別人幫自己去做。這種溝通方式都不正確，都不會為自己的人生賦能。

本書分為九章，從社交的本質寫起，告訴讀者社交的核心是什麼，在社交中怎樣擺脫冒名頂替症候群，提高自己的配得感，然後利用高情商社交法，讓社交為自己的人生賦能。

本書適合不善於社交，或者在社交中屢屢碰壁，想要高情商地溝通，從而讓社交為自己的人生賦能的人閱讀。

第 *1* 章
人人都渴望「被需要」

人生活在世上，沒有不需要他人幫助的。

在我們遇到難題的時候，

一定要大膽地向他人求助，不要有任何顧慮。

當你向別人求助時，也是你對他的能力的認可。

人人都渴望「被需要」，這也是自我價值的展現。

關係的本質是心靈契約

—— 1 ——

「遇事要盡量自己解決」這是父母和長輩教給我們的一句人生箴言。很多心地善良的人都把這句話當作真理，他們願意無私地幫助他人，卻羞於開口請求別人幫助，他們認為花費別人的時間讓別人幫助是不正確的。但是，這樣的人往往人際關係和社交十分單薄，因為不願意請別人幫忙，所以缺少了與別人社交的理由和契機。

不願請別人幫忙的心理還會讓人鑽進牛角尖，有時候一句簡單的求助就能解決問題，可我們總是開不了口。我們害怕被拒絕，害怕被人瞧不起，害怕別人覺得我們能力不足，所以不敢開口求助。於是，「不想浪費別人的時間」成了逃避和退縮的藉口。其實，遇到問題適度地請別人幫忙，才是聰明的做法。

適度地請別人幫忙可以讓我們與朋友更親近。金無足赤，人無完人，適當地顯出一些弱點，讓身邊的人幫助，能拉近彼此的距離。在接受對方的幫助後，再真誠地表達感謝，這樣會讓對方更願意和我們做朋友。

適度地請別人幫助還能汲取別人的優點，提升我們的弱點。特別是在非優勢領域，求助經驗豐富的夥伴能迅速提升我

們的個人能力。與其自己絞盡腦汁地閉門造車，還不如向別人求助，也許對方稍加指點，我們就會感到豁然開朗。

—— 2 ——

和諧的人際關係也是在互相幫助中建立起來的。一次聚會結束後，已經晚上十點多了，其他人都各自回家了，但還有一位朋友已經趕不上最後一班捷運了。於是，我對她說：「不如我開車送你回家。」這位朋友不願麻煩我，她說：「我和你並不順路，就不麻煩你了。我搭計程車也可以的。」

我笑著對她說：「你知道嗎？好的人際關係都是從互相幫助開始的。」聽了我的話，朋友也釋然地笑了，她大大方方地坐進我的車：「那好吧，請你送我去世貿廣場。」

從這次以後，我們變成了時常互相幫助的朋友，彼此的交流也越來越多。原本只是普通朋友的我們，現在變成了關係密切的好朋友。互相幫助讓我們的來往變得頻繁，關係自然就會變得親密。

我一向認為互相幫助是建立人際關係的橋梁，這個觀點其實不是我提出的，它被人們稱為「富蘭克林效應」（Ben Franklin effect），源於美國國父之一班傑明・富蘭克林（Benjamin Franklin）的一則軼事。

　　一次，富蘭克林想與一位賓州立法院的議員合作，但是這位議員是出了名的難纏。一般的做法是投那位議員所好，或者找中間人牽線搭橋，但是富蘭克林卻另闢蹊徑，用了一個妙招。

　　他從某種途徑得知那位議員的藏書中有一本非常罕見的絕版書，於是他就向那位議員提出了借閱那本書的請求，議員答應了他。當他們再次見面時，富蘭克林和議員就很自然地開始了交談。有了好的開頭，透過進一步交流，富蘭克林很快與該議員達成了合作。

　　富蘭克林認為，他這次成功的原因是：「曾經幫過你一次忙的人會比那些你幫助過的人更願意再幫你一次忙。」換句話說，如果我們要想某個人喜歡上自己，那麼不妨請他幫個忙。

　　其實，「富蘭克林效應」很容易理解，當我們請求對方幫忙時，或者因為一件小事麻煩對方時，就是在向對方釋放好感，對方接收到我們的好感以後，就會與我們開始互動，彼此的關係就在這樣的互動中建立起來了。

　　不過，在請別人幫助時一定要適度，千萬別讓「小問題」變成了大麻煩。例如，一開口就找別人借一大筆錢，或者提出讓別人十分為難的請求。這樣的做法才是真正的找麻煩，不僅不能幫我們建立和諧的人際關係，還會讓朋友紛紛遠離。

—— 3 ——

因此，我們必須知道怎樣正確地請別人幫忙，以及掌握請人幫忙的程度。既要讓別人願意幫忙，也要讓自己能自然地開口求助，這絕對是一門「專業」，我們可以從以下幾個方面入手。

調整自己的心態

不要怕開口求助，也別抗拒請求別人，別人幫助了我們，我們也可以隨時幫助別人。我們應該敞開自己的心扉，不要把自己封閉起來，請別人幫助沒有那麼可怕，說不定對方正缺一個機會走近我們呢！多嘗試幾次向別人求助，慢慢地我們就能克服心理上的障礙。

做一個負責任的人

適度地請別人幫助，並不等於推卸自己的責任。凡是我們自己責任範圍內的事情都應該盡量獨立完成，不要隨意請別人代勞。更不要因為別人願意伸出援手，就把責任全都推到別人身上。

別把別人的幫助當作理所當然

當我們請別人幫助時，別人拒絕了我們也不要生氣，因為「幫了是情分，不幫是本分」。我們要時刻記住，這是我們自己的事情，別人沒有必須幫助我們的義務，所以別把麻煩別人當作一件理所當然的事情。

🗣 對別人要體諒

我們在請別人幫助時，應該體諒對方。例如，不在別人忙碌時請求幫助，否則會給對方造成困擾。

適度地請別人幫忙，並不是錯誤的，相反還是社交時的潤滑劑和緩衝劑。只要在求助時注意以上幾點就可以放心大膽地求助了。既然適度地請別人幫忙在社交中能造成這麼正面的作用，那麼什麼樣的忙都可以嗎？

答案當然是否定的，首先不能超過對方的能力範圍，否則對方會懷疑我們真正的目的。其次，我們在請對方幫忙時，最好不要涉及金錢等利益關係。社交是建立人際關係、交流個人感情的活動，一旦涉及金錢就會變成僱用、買賣、利益交換的關係，這就不是單純的社交活動，而是雙方的一種契約了。

另外，請別人幫忙後，我們一定要及時補償對方，社交的核心就是「人情往來」，有來有往才能建立關係，形成精準社交。這次我們請朋友幫忙了，朋友下次也會請我們幫忙，在這一來一往中，朋友之間的關係也會越來越親密。

精準社交

遇到問題適度地請別人幫忙才是聰明的做法，更重要的是，和諧的人際關係也是在互相幫助中建立起來的。

精準社交的核心：需要與被需要

—— 1 ——

在社會生活當中，每個人都需要別人的幫助和需要幫助別人。那些遇到問題懂得請別人幫助的人，都是深諳社交技巧的人，他們明白禮尚往來的規則，也知道自己的弱點，他們用高超的社交技巧彌補了自身的弱點。

有些人覺得自己學歷高、職位高，遇到問題向別人求助顯得自己無能，於是一個人默默地想盡各種辦法解決問題，最後花了很多時間，也沒有解決問題。這就是不會社交的表現。

無論是在職場中還是在生活中，需要別人的幫助是很正常的事情，這無關學歷、職位、身分等。在社交達人眼中「從來不需要別人」並不是一個優秀品格。因為只有「需要」才能拉近和對方的距離。只有「互相需要」才能做朋友。

前段時間，我的同事小張很煩惱，他負責的專案出現了失誤，讓公司遭受了不少損失，他不但很內疚，還很有挫敗感。

小張在擬合約時已經非常仔細了，恨不得把合約上的每句話、每個字都查一遍，生怕出現漏洞。他在擬合約時遇到不懂的地方就上網查資料，幾乎快要把《契約法》背下來了，沒想到最後還是出現了差錯。

其實，小張在做合約的時候不是沒有想過向學法律的朋友求助，但是他又擔心朋友會覺得他無知，連分內的工作都不能做好。再加上，小張在朋友圈看到朋友在國外度假的動態，怕打擾了朋友的假期，而且他聽說律師最反感「做義工」，他怕拉下面子請朋友幫忙，反而被朋友拒絕。

合約出現紕漏後，小張實在沒辦法了，只好忐忑不安地打電話向他的律師朋友求助，沒想到那位朋友三下五除二就幫他解決了問題。在小張看來麻煩得不得了的事，對律師專業朋友來說完全是小菜一碟。

律師朋友不僅沒有嫌小張麻煩，還問小張為什麼不在簽合約之前拿給他看一下，他花幾分鐘看一遍，這個紕漏就完全能夠避免。他還開玩笑說，是不是怕請吃飯，才不肯說出自己需要幫助的。

—— **2** ——

我們要明白，「需要別人」不等於無效社交，相反地，它是一種非常有效的社交手段。因為它不僅是雙方進一步交往的契機，還能夠反映別人對我們的重視程度。別人對我們的重視程度反映在他是不是肯盡力幫助我們上面。

很多人在進行社交時，都會陷入一個誤會，認為只要我們對別人好，對別人付出的夠多，別人就會願意和我們做朋友，

如果別人不願意，那就表示我們付出得還不夠多。但現實的情況卻恰恰相反。

我大學時，有一位男同學追女孩很有一套，雖然他的「顏值」只是平均水準，家境也很一般，但他卻在女生中很有人緣。而且，這位男同學追求女孩的方式和大多數男孩都不太一樣。他會先觀察女孩的特長，並藉機向對方求助，而不是一開始就大獻殷勤。如果女孩功課很好，他就向對方請教學業上的問題；如果女孩喜歡旅行，他就向對方請教旅行攻略。

請對方幫忙後，這位男同學就有理由「還人情」了，一來二去，雙方的距離就會越來越近。一次，我和他聊天時，他說：「其實交朋友和戀愛的本質是一樣的，如果你想拉近和一個人的關係，就要用平等的態度去與對方交往。人情往來就是一個很平等的交往基礎，單方面的付出只會讓自己顯得很卑微，對雙方關係有害無益，互相被需要才是增進關係的良方。」

很顯然，我這位男同學也是一位社交高手，因為他抓住了拉近距離最好的方式，那就是需要別人的幫助。交朋友時，與其去幫別人，不如讓別人來幫我們，如果只是舉手之勞，大多數人都不會拒絕的。而且，只要別人幫助了我們一次，我們就可以順理成章地開始與對方打交道，既不會顯得突兀，也不會顯得過於諂媚。

—— 3 ——

我們每個人都能透過幫助別人獲得愉悅感，特別是當我們的舉手之勞給別人帶來很大的幫助時，我們會覺得滿足而愉快。這是因為我們的道德感與價值感得到了雙重滿足。所以，有時候我們的求助非但不會讓對方覺得不快，反而會給對方帶來愉悅感。

這是因為我們的請求中暗含了幾個前提，第一個前提就是我們對對方的認可，不管是從能力上，還是從人品上，我們都信任對方，相信對方也能從我們的請求中感受到這一點。

第二個前提就是我們承認對方在某些方面比我們優秀。我們放低姿態，向對方求助，其實就說明了我們在這方面不如對方。對方透過幫助我們，也能獲得心理上的滿足感。而且在小事上示弱，可以很快獲得別人的信任。所以，想交朋友就先請對方幫個忙吧，這是精準社交的祕訣！

如果你想利用「需要別人幫忙」來展開精準社交，拉近和別人之間的關係，那麼，下面的幾條建議或許對你很有用。

🗣 在對方擅長的領域求助

每個人都有自己的長處和優勢，並且一定非常希望這些優勢能被人發現。在別人擅長的領域求助，相當於給了對方一個展示自己優勢的機會。此時，我們還可以順勢向對方表達我們的欣賞和感激，對方的內心肯定會獲得一些滿足感，還會自然而然地對我們產生好感。

要讓對方感到我們確實需要幫助

如果我們需要別人做的事情是我們自己就能輕易做到的，那麼對方不僅不會認為自己受到重視，反而會認為我們把他當成免費勞動力，最後的效果就會適得其反。所以，我們應該讓對方感覺到自己做的事是我們確實需要的，或者的確是我們自己力所不能及的。

別讓對方付出過多的時間和精力

我們的本意是借麻煩對方拉近關係，所以不要讓對方付出過多的時間和精力。比如，我們可以請教一些對方很擅長的問題，或者借一些對方閒置的東西。如果在這個階段我們和對方還沒有成為好朋友，開口要對方幫一些大忙，是很不合適的，而且讓朋友幫忙「做一個設計」、「寫一個方案」不是需要幫助，而是企圖不勞而獲。

對方幫忙後要及時回報

美國社會學家霍曼斯（George C. Homans）提出的「社會交換理論」認為，人際關係的本質就是一種交換，只有人與人之間的精神和物質交換達到互惠和平衡狀態時，人際關係才能維持下去。一味索取的人是無法建立和諧的人際關係的，只有知恩圖報、有來有往，一段關係才能長久地維持下去。

從社交的角度來說，「需要幫助」不等於無效社交，反而是一種精準社交。因為，「不需要別人幫助」意味著不肯虧欠，可

社交的本質就是價值交換，既然不願意虧欠，那麼價值交換也就無從談起，雙方關係也就只能停留在表面了。

所以說，「需要別人幫助」是一種非常重要而且有效的社交技能，我們不要害怕它，而是要善用它。列夫·托爾斯泰 (Leo Tolstoy) 曾在《戰爭與和平》(*War and Peace*) 裡寫道：「我們並不因為別人對我們的好而愛他們，而是因為自己對他們的好而愛他們。」

下次想和人交朋友的時候，先讓他幫個忙吧！

精準社交

求助是一種非常重要而且有效的社交技能，我們不要害怕它，而是要善於利用它。想交朋友就先讓對方幫個忙吧，這是精準社交的祕訣！

勇於示弱，從孤獨到與人親密

—— 1 ——

「你回公司嗎？」

「不，我現在不回公司。」

「你幫我把文件帶回公司吧！」

「可我現在不回公司。」

「拜託了，我現在沒時間，反正這裡離公司不遠，你幫我送回去吧。」

像這樣的人，我們每天都會遇到，面對他們提出的一些「理所當然」的需要，我們要按捺住心中的火氣，才能不和他們吵起來。但是，不知道大家有沒有注意到，無論我們是否喜歡這樣的人，只要我們不想撕破臉、不強行拒絕，他們總是會和我們發生千絲萬縷的連繫。

有時候，在長期的接觸中我們會慢慢發現這些動不動就需要別人幫助的人也有好的一面，並且對他們的行為產生包容，在暗暗嫌棄的同時，我們卻和這些常常提出需要幫助的人的關係越來越好。

有時候，我們不得不感嘆人際關係的微妙，每個人都有獨特的個性，人與人的相處模式也不盡相同，每一種相處模式產

生的氛圍也截然不同。但無論哪種相處模式，哪種氛圍，都是人與人之間的一種交集，都是獨特的人間煙火。

但是除了形形色色的喜歡請別人幫助的人，我們還會發現另一類人，他們從來不願意說出自己的需要。

「你的箱子太重，我幫你一起抬吧。」

「謝謝，不用了。」

「我們順路，我載你一程吧。」

「不用了，我自己去就好。」

「我要去國外旅行一段時間，有什麼需要帶的東西嗎？」

「不需要了。」

這樣的人總是很客氣，把「不需要」掛在嘴邊。他們看上去總是很獨立，但也很冷淡，他們在人群中通常沒有很強的存在感，就像路邊的石頭，雖然看見了，卻很難讓人感覺到存在。人際關係的本質就是交換，在互相需要之間，人和人的交集會越來越多，連繫也會越來越緊密。而不願請別人幫助的人很少與別人產生交集，所以在人群中也不會有較強的存在感。

不願請別人幫助的人看似很獨立、很堅強，其實他們是在逃避人與人之間的交集，不願意或者不敢與他人建立關係、產生感情。

─ 2 ─

　　小麗是一個很不願意說出自己需要幫助的女孩，最近她正好要搬家，本來她認為搬家很簡單，但是收拾好後，她才發現足足有十幾大箱的東西要搬。小麗覺得自己搬不了這麼多東西，於是在找搬家公司之前，她發了社群動態：「馬上要搬家了，但是東西太多，有人願意幫我搬嗎？」

　　不出意料，這條社群動態沒有得到任何回應。小麗只好安慰自己，可能大家都沒看到這條動態。其實，小麗的內心深處非常希望有人能來幫她，哪怕不幫忙只是一句關心，也好過無人回應。

　　就在小麗準備放棄求助時，她的「男神」卻突然發來訊息，表示願意幫助她搬家。小麗看到「男神」的訊息後，心花怒放，但是她回覆的訊息卻是：「謝謝了，我已經請了搬家公司了，不需要你幫忙了。」

　　結果簡直令人大跌眼鏡，沒有人幫忙時，小麗沮喪萬分；但真的有人幫忙時，她卻馬上予以拒絕。小麗的行為看似很令人費解，但其實只要仔細分析她的成長經歷就很好理解了。每次需要別人幫忙時，小麗的心裡都會產生一種內疚和恐懼的感受，她從兒時起就曾經反覆體驗過這種感受。

　　小麗在家裡排行第三，家裡有一個姐姐和一個哥哥，雖然小麗是家裡最小的孩子，但因為父母重男輕女，小麗從小就很不受重視。所以，她的需求從來沒有很好地被滿足過，有時還

會因為提出要求而受到父母的喝斥和責罵。

時間長了，小麗就再也不敢表達自己真正的需求了，因為她提出要求後，得到的都是拒絕和無視，在這樣的打擊下，小麗覺得自己是不應該向別人提出要求的。這樣的成長經歷，讓小麗變得害怕拒絕，還產生了「不配得到幫助」的自我認知。

因為內心的恐懼、不安和內疚，她乾脆不向別人說出自己的需要。即使偶爾得到別人的幫助，小麗內心也會覺得惶恐不安，對占用了別人的時間而感到內疚。

這樣令人心酸的故事，在很多人身上都發生過，內心的恐懼和自卑讓他們不敢向別人發出求助的資訊，也不願意占用別人的時間。

— **3** —

曾經，我也是個不願向別人說出需要，對別人的幫助感到誠惶誠恐的孩子，這與成長過程中父母對我的態度是分不開的。但是，我的一位朋友愛麗斯令我發生了改變。

有一段時間，愛麗斯和我成為了室友，彼此的關係十分親密。愛麗斯是一個樂於助人的女孩，她總是能細心地發現別人的需求。

一次，愛麗斯對我說：「在你面前，我覺得自己是個毫無價值的人。」我很驚訝，不知道愛麗斯為什麼會這麼說。愛麗斯

說：「你從來沒有麻煩過我，也沒有讓我幫過任何忙，哪怕是再小的事情。」

從那時起，我才知道懂得說出自己的需要是人與人之間的一種相處之道。經常「需要別人幫助」才能彼此照應，形成「相處」的關係。如果連「相處」的關係都沒有，那麼彼此是不會產生多少交集的。

不輕易說出自己的需要，對有的人來說已經成為一種根深蒂固的習慣，碰到任何困難第一反應就是咬牙堅持，只要能堅持下去就絕不會開口求助。他們把這種做法稱為堅強自立，表面上看起來的確如此，曾經的我也是這樣。但是只要認真剖析自己的內心，就會發現自己是在逃避某些感受，比如求助他人後的內疚和不安，還有對遭到拒絕的恐懼。

因為不想向人說出自己的需要，就會盡量自己解決所有的事，總是獨來獨往。並且也會排斥請求自己幫助的人，拒絕別人的求助。這樣的情況會導致兩種結果，一種是不願說出自己需要幫助的人逐漸變成人群中的孤島，慢慢地失去人際關係。第二種結果是形成單方面付出的局面，無法拒絕他人的求助，但又不願求助別人，於是他們儘管內心很委屈，但也無可奈何。

無論哪種結果，都是我們不願意看到的。「不願意向別人說出自己的需要」這種行為背後的原因有很多，但也不外乎以下四種。

● 自卑心理作祟

有的人出於自卑心理，認為自己不值得別人幫助，或者認為別人一定會拒絕自己，所以從不向別人求助。因為自卑，他們也更加不願意暴露自己的短處，一旦開口說出自己需要幫助就有可能把自己的不足暴露在人前。

● 性格過於要強

性格過於要強的人也不願意向別人求助，他們更傾向於自己解決所有的問題。尤其是在職場上，他們不想給別人弱者的印象，也不願意失去主動權，所以事事都自己扛。殊不知，過於要強的性格不僅讓自己承受壓力，也會給別人造成傷害。

● 對別人不抱期待

有些人會因為過去的經歷，對別人產生不信任感，對別人不抱期望，其實他們的內心是希望得到幫助的，但是他們擔心別人會拒絕自己，或者不是真心幫助自己。這樣的人在遇到困難時會選擇走一步看一步，不到萬不得已絕不會向別人開口尋求幫助。

● 擔心別人的幫助別有用心

有些人給自己的心靈築了一道高牆，對外界的人和事有很深的不信任感，他們擔心別人對他的幫助是別有用心的，而自己接受別人的幫助也有可能要付出額外的代價。所以，他們寧可自己一個人面對困難，也不願意接受別人的幫助。

— **4** —

　　如果你也是一個任何事都自己扛，不願意向別人說出需要幫助的人，如果你也想改變，想與別人建立緊密的關係，想和更多的人產生交集，就要檢視自己的內心，分析自己不願說出自己需要幫助的原因。當你意識到自己應該改變，並深刻剖析自己時，就能看到那些積壓在心靈深處的情緒。

　　這些情緒的成因很複雜，也很難追究出處，雖然過去的經歷已經無法改變，但是我們可以透過自我成長，讓自己慢慢改變。有人說不願說出自己需要幫助、害怕被拒絕的心理和對人際關係的逃避態度都是幼年時形成的，要改變並不容易。確實如此，但這並不是我們不去努力嘗試的理由。

　　社交和建立人際關係是我們生活和工作中的重要部分，也是人生道路上不能迴避的必經之路。所以，鼓起勇氣來努力改變吧，大膽地去說出需要別人幫助，也盡力幫助別人。

　　首先要改變的是自己的觀念，要讓自己明白，需要別人的幫助是很正常的，不需要為此感到內疚和不安。然後再嘗試請別人幫一些小忙，感受一下受人幫助的溫暖。同時也要在力所能及的範圍內幫助別人，讓不安、恐懼的情緒在和別人的相互幫助中逐漸消弭。被別人拒絕時，要試著去面對內心的失落，告訴自己被拒絕沒什麼大不了，慢慢學會接納被拒絕的感受。

　　不向別人說出自己需要幫助，不社交，其實不是自強獨

立，而是一種自我放逐，把自己放逐在人群之外，但是沒有人能生活在人群之外，所以我們必須學會向別人說出自己的需要，與別人形成有分寸的互動關係，進而與別人形成交集。只有這樣，我們才能與別人建立密切的關係，才會對自己有更加深刻的認識。

精準社交

社交和建立人際關係是我們生活和工作中的重要部分，也是人生道路上不能迴避的必經之路。所以，鼓起勇氣來努力改變吧，大膽地去說出需要別人幫助，也盡力幫助別人。

每個人都渴望被需要

—— 1 ——

　　每個人都需要「被需要」的感覺，每個人都享受這種感覺，這種感覺對我們來說，究竟有多重要呢？

　　「被需要」的感覺究竟是什麼呢？父母被子女需要，老師被學生需要，強者被弱小的人需要，我們需要別人，也被別人需要。「被需要」是一種人與人之間相互依賴，相互連接的情感。

　　需要的人想獲得別人的幫助，讓自己的需求獲得滿足；被需要的人透過幫助別人，實現了自身的價值，在付出中獲得滿足感。其實，需要和被需要是相輔相成的，我們在「被需要」的時候也會產生一種幸福感。

　　為什麼「被需要」的感覺如此重要呢？那是因為人是群居動物，不可能離開社會、離開他人孤立存在，我們在需要的同時，也在被需要著。我們可以透過「被需要」的感覺證明自己的價值，同時「被需要」也是我們對他人的一種回報，因為我們也渴望著他人的幫助。「被需要」還是我們判斷自身存在感的方式，如果我們不再被身邊的人需要，空虛和自我懷疑就會隨之而來。

　　「被需要」的感覺如此重要，被他人需要的渴求如此強烈。但我們從小就被教導，不要依賴他人，這樣做也是不受歡迎

的，過分依賴會導致別人的遠離。在我看來，無論是需要別人還是渴望被別人需要都是為了實現自我價值，需要別人是「依賴感」，被別人需要是「價值感」。

很多人際關係問題都是「依賴感」和「價值感」不平衡導致的。所以，在與人交往時要適度調整「依賴感」和「價值感」。

── 2 ──

我的一位朋友曾對我說過一個有關他媽媽的故事。

朋友的媽媽非常能幹，總是把家裡打理得井井有條。一次朋友的媽媽有事要回一趟老家，需要離家幾天，走之前她不僅準備好了幾天的飯菜，還再三交代家裡的各項事宜，如衣服放在哪裡，記得要關好瓦斯，洗衣服要放多少洗衣精等。

朋友的媽媽走的幾天裡，生怕家裡的父子倆吃不好睡不好，時不時地打電話回家叮囑他們好好吃飯，睡前鎖門。因為平時媽媽在家裡管得很嚴，所以媽媽一走，朋友和他的爸爸就好像解放了一樣。每天躺在沙發上吃零食看電視，零食袋子就扔在茶几上。吃完飯也不收拾廚房，沒兩天廚房就變得一片狼藉。幾天下來，家裡已經變得烏煙瘴氣。

有一天，他們接到媽媽的電話，說要提前一天回家，並且已經在路上了。朋友和他爸爸為了不被嘮叨，就迅速行動起來，把家裡收拾得乾乾淨淨。

當朋友的媽媽進門時，發現家裡窗明几淨，和她離開前並沒有什麼兩樣。朋友的爸爸說了一句：「你看，就算你不在我們也一樣過得很好呢。」朋友的媽媽聽了這句話，臉上浮現出一絲失落，她默不作聲地進了房間。

朋友和爸爸感到很納悶。他們表現得這麼好，為什麼媽媽會不高興呢？過了好一會，他才明白，原來是爸爸的那句話惹了禍。爸爸的本意是向媽媽證明自己和兒子這幾天表現很好，沒有把家裡弄亂。但是，媽媽卻覺得自己不在家，丈夫和兒子依然過得很好，自己這個妻子和母親已經不再被需要了！

意識到了這一點後，朋友和他的爸爸把房間的衣服弄亂，大聲喊媽媽幫忙找衣服，晚飯時也嚷嚷著讓媽媽做好吃的。朋友的媽媽一臉嫌棄地忙來忙去，卻抑制不住嘴角的笑容，她得意地對兒子和丈夫說：「你們真是我的一對活寶，離了我什麼都做不好。」朋友和爸爸也笑了起來。

朋友的媽媽雖然忙碌卻感到很幸福，因為她被家人需要，「被需要」的感覺讓她找到了自己的價值，讓她感受到自己在家人心中的重要性。對於關愛我們的人來說，我們的「需要」可以滿足他們的「被需要」的感覺，被我們需要的感覺對他們來說非常重要，他們不希望被我們遺忘。

—— **3** ——

當朋友心情不好或遇到困難時，我們關心對方，對方卻不說原因，這時我們會覺得自己對對方來說是一個無足輕重的人。因為少了「被需要」的感覺，我們就會開始患得患失，直到對方告訴我們原由，我們才能感到放心，並意識到原來我們還是好朋友。

戀人之間也常常發生這樣的誤會，一方太能幹太獨立，另一方就會覺得自己可有可無，懷疑自己在這段關係中的價值和存在的意義。不論是在友情還是在愛情中，存在這種患得患失的心理都是因為價值感沒有得到滿足，不被對方需要讓我們對自己產生了懷疑。

無論在哪種人際關係中，我們都渴望被需要。「被需要」可以證明我們在對方心中的重要程度，也可以證明我們在這段關係中的位置和價值。

在當今社會中，似乎每個人都是一個孤獨的存在，人與人之間的連繫變得冷淡而脆弱，所以我們更加渴望「被需要」的感覺。正因為如此，「需要幫助」有時候也是一種善意，「被需要」讓我們知道，自己沒有被遺忘。

在人際關係中，「互相幫助」就是最好的關係狀態，不需要顧慮，不需要因為請求別人幫助而感到不安，因為我們需要對

方，對方同樣需要我們。如果閉上眼睛不去深究生活的意義，「被需要」其實就是最好的答案。

精準社交

無論在哪種人際關係中，我們都渴望被需要，「被需要」可以證明我們在對方心目中的重要性，也可以證明我們在這段關係中的位置和價值。

不互相幫助，關係也就無從建立

—— 1 ——

　　人與人之間彼此溫暖、互相幫助，關係才能更加親密。只要不是太過分的事，都可以放心地去請朋友幫忙。朋友之間，最怕的就是你不理我，我也不理你，很多朋友關係就是這樣慢慢變得生疏，直到彼此再也無法親近。

　　人生在世，誰都不可能一直順風順水，總會遇到困難。遇到困難時，主動向身邊的人求助，其實是一種了不起的人生智慧。因為每個人都有「被需要」的需求，所以只要不是太麻煩的事，別人一定願意伸手幫一把，畢竟幫助人也能得到快樂。

　　從專業的角度上看，我們眼中的難以解決的問題，對別人來說也許就如同探囊取物一樣簡單，因為「會者不難，難者不會」。俗話說「術業有專攻」，每個人擅長的領域不同，只有願意向別人學習，願意請教別人的人才能取得更大的進步。

　　向別人求助，其實也是在擴展自己的人際關係網，開闊自己的眼界，讓自己變得更優秀。如果不願意請別人幫忙，就意味著要獨自承受挫敗和痛苦，還意味著內心的孤獨和封閉。請別人幫忙也是一種交流感情的方式，只有你來我往才能讓感情變得愈加深厚，互不打擾，就無法建立良好的關係。

—— 2 ——

《禮記・曲禮上》有云：「禮尚往來。往而不來，非禮也；來而不往，亦非禮也。」

請別人幫了忙，我們要懂得感恩，因為好的人際關係從來都不是單向的，只有心懷感恩，彼此幫助，關係才能長久。

胡適和陳寅恪就是禮尚往來的關係。陳寅恪應徵英國牛津大學的教授職位，胡適幫他寫了一封長信，打消校方的疑慮，使陳寅恪成功應徵。後來，陳寅恪生病無錢醫治，儘管胡適當時已經不擔任駐美大使了，薪水微薄，但是依然給陳寅恪寄了1,000 美元醫療費。

面對胡適的幫助，陳寅恪也投桃報李，胡適競聘文化院院長時，他特地跑到重慶投了胡適一票。兩個人在學術交流上也是有求必應，成就了一段佳話。

要建立好的人際關係，一定要和別人互相幫助，一方付出，另一方回報，這樣關係才能融洽和長久。

有的人因為一件小事請別人幫忙了，感覺欠下了人情，就想立刻回報別人，甚至用物質補償的方式來回報對方，有時候這樣做會適得其反。其實，我們請別人幫忙時，欠的是人情。

人情是不能用物質來衡量的，所以我們一定要牢記在心裡。

請別人幫忙時還要懂得分寸，自己能輕易做到的小事就不

要讓別人做。明明自己能做到的事，還要「使喚」別人，這樣只會令人厭煩。

我的朋友小晴在日本留學，她遇到了一件煩心事：國內的朋友、同學不斷讓她幫忙代購東西。一次兩次還好，但是次數多了小晴感到很煩。有的商品購買地點離小晴的學校很遠，去購買需要花費很長時間，有的商品因為折扣不同，與網路上的價格存在差別。有的朋友請代購，卻不事先把代購費用給小晴，還讓小晴幫忙墊付，有的朋友收到代購的東西後，只給購買商品的錢，不給郵寄費用。這一系列的麻煩，已經嚴重影響了小晴的生活。

有一件事，讓小晴決定徹底遠離那些沒分寸的朋友。事情是這樣的：小晴給國內的一個朋友代購了一組保養品，由於不是專業代購，她沒有過多關注各大商店的折扣，所以沒有以最優惠的價格購買。為此，小晴向這位朋友說明了情況，並把購物發票一併寄給了朋友。

但是，那位朋友收到東西後給小晴發了一條訊息：「你買的比網路上的價格貴多了，早知道我就找專業代購了，運費也更便宜。」小晴看到這條訊息後，簡直氣不打一處來，她覺得自己好心好意幫了忙，朋友不僅不感恩還怪她不夠專業。這件事發生以後，小晴在社群平臺發布了一條動態：「不承接代購業務，勿擾！」小晴下定決心不再與那些專門找她代購的朋友來往了。

自己能找到代購卻要麻煩朋友，還埋怨朋友幫忙買的價格不夠優惠，小晴的這位朋友實在是太沒有分寸感和界限感了。

她不明白麻煩別人也要有分寸，她的「越界」行為讓小晴不願與她來往，讓朋友間的關係就此破裂了。所以，我們在麻煩別人的時候一定要掌握尺度，盡量不要給對方帶來困擾。

—— 3 ——

伊斯蘭詩人魯米（Rumi）說：「伸開雙臂，如果你還想被擁抱的話。」如果我們渴望與人交往，就要勇敢地展開自己的雙臂，接受別人的幫助。因為，互相幫助是社交的動力和源泉。

人與人之間的關係很複雜，其中必然還夾雜著一些私心，但是只要關係真正建立起來了，真誠也會隨之產生。相反，不與別人交往，把自己封閉起來，心中的孤獨和黑暗就會被放大。

我們都喜歡小孩子，我們會被他們的坦率和真誠所感染，因為他們做什麼都是理直氣壯的，餓了要吃、困了要睡。不高興了要哄，難過了就哭，開心了就笑，他們所有的反應都是自然而發自內心的。孩子從來不怕接受父母的幫助，父母也不會因為孩子的要求而嫌棄孩子，相反，父母會把孩子的事情看成一種甜蜜的負擔，孩子和父母的親子關係也會因為各種互動而變得更加緊密。

如果我們要想擁有良好的社交關係，就應該更坦率、更熱

情，我們要試著鼓勵自己，伸出雙臂試著去接受別人的幫助，然後在與別人的互動中感受這種社交關係帶來的愛和溫暖。同時，我們也要鼓勵身邊那些總是很獨立，遇事不願意請別人幫忙的朋友，大膽地去社交，並且要主動幫助他們走出封閉的世界，擁抱更廣闊的人際關係。

精準社交

如果我們想真正擁有良好的社交關係，就應該更坦率、更熱情，我們要試著鼓勵自己，伸出雙臂試著去麻煩別人，然後在與別人的互動中感受這段關係帶來的愛和溫暖。

第 *2* 章　擺脫冒名頂替症候群：
提高自己的關係「配得感」

如果，你有一顆強大的心，

就不會害怕得到，

因為你值得擁有最好的一切。

你不必害怕失去，

因為你足夠強大，任何困難都不能讓你退縮，

你更不必害怕向別人求助，

因為無論別人拒絕與否，你必須坦然接受。

什麼是冒名頂替症候群

—— 1 ——

冒名頂替症候群也叫做自我能力否定傾向，是波林（Pauline R. Clance）和蘇珊娜（Suzanne A. Imes）在 1978 年發現並命名的。自我能力否定傾向者認為自己並不是他人所想的那樣有能力的人，當他們取得成功以後，會把成功歸結於其他因素（如幸運或良好的社會關係），而不是他們自身的能力。

很多人不敢在社交上邁出第一步，遇到問題不敢請別人幫助，就是因為他們具有自我能力否定傾向。他們認為自己不配得到別人的幫助，並且不相信別人會和自己建立良好的關係。所以，要想不怕開口向別人求助，就不要否定自己的能力。

我有一位姨媽，她溫柔善良，為人通情達理，是所有認識她的人心目中的賢妻良母。姨媽幾十年如一日地默默承擔著家裡的一切家務，把家裡收拾得井井有條，把兒女和丈夫照顧得無微不至，也很捨得為他們花錢，可姨媽唯獨捨不得對自己好一點。

夏天吃西瓜時，姨媽會把西瓜裡不是太甜的邊緣部分給自己吃，把最甜的部分留給家人。即使家人心疼姨媽，不讓她這麼做，她也依然堅持。吃魚時，姨媽總是第一個把魚頭夾進自己的碗裡，還說魚頭最美味最有營養。姨媽的女兒，也就是我的表姐開玩笑說：「魚頭這麼好，就給我吃吧，我要加強營養。」

可是姨媽又說：「你多吃肉吧，肉裡的蛋白質更多。」

　　總之，無論吃什麼東西，她都會把最好的留給家人，把最差的留給自己。

　　在花錢上，姨媽同樣如此，給表姐和姨父買東西非常捨得，可是自己好幾年都不買一件新衣服。

　　一次，表姐給姨媽買了一件新羽絨外套，姨媽說：「給我買衣服幹什麼？你還年輕應該多打扮自己。」

　　還有一次，姨父帶姨媽去商場，想給她買一個戒指，其實姨媽家的經濟條件還是很不錯的，但是她選來選去，卻選了最便宜的那個。

　　姨父說：「這個太小了，換一個吧。」

　　姨媽卻不肯換，她說：「哎呀，我都這麼大年紀了，戴大的不合適，我是個家庭主婦，這個戴在我身上浪費了。」

　　姨媽總是這樣自我否定自己，她認為只有自己足夠好，才能得到更好的東西。姨媽總是那麼精打細算，總是給自己買最廉價的東西。因為，她從小受到的教育就是犧牲和奉獻，總是習慣於把好的讓給別人，把不好的留給自己。

　　其實，姨媽的這種行為讓表姐和姨父的心裡都很不好受，他們為姨媽的犧牲和奉獻感到愧疚和不安，姨媽的付出沒有讓家人感到幸福和快樂，反而讓他們感到難過。表姐和姨父都希望姨媽能自私一點，對自己好一點。

　　對自己好一點，不一定是要給自己買貴重奢侈的物品，而是要對自己多一些愛和欣賞，不因為外在條件而看低自己，不為討好別人而委屈自己，相信自己值得擁有更好的。

　　我們給自己買貴的東西、對自己好，不代表我們要揮霍和浪費，而是因為我們值得擁有這份美好。我們要清楚自己的價值，不要輕易委屈自己。只有相信自己值得擁有更好的，才能越活越自在幸福。

── 2 ──

　　當我們相信自己值得擁有更好的，就不會隨便敷衍自己，會對自己產生更多的愛意，也會更自信。當我們自己相信自己時，別人自然會相信我們、幫助我們。

　　相信自己擁有更好的，讓我們在向別人求助時更加有底氣，因為我們相信別人一定會幫助我們，我們相信自己一定有能力償還欠下的人情債，也相信對方會在和我們的互動中對我們產生信任和好感，我們一定能和對方建立一段和諧的關係。

　　因此，我們必須相信自己值得擁有更好的。

　　一個患有冒名頂替症候群的人心中會產生自我懷疑和自我攻擊，從而降低自己的生活品質，為自己的社交製造障礙。

　　為了讓自己相信自己值得擁有最好的，我們可以從小事做起。例如，時不時給自己送一份小禮物，或者為自己選擇更好

更貴的東西。這並不是虛榮的行為，而是在幫助自己突破心中那道障礙，讓自己體會擁有的感覺，讓自己的內心深處獲得「值得擁有」的感激和喜悅。

此外，我們還要告訴自己，不要再將就和委屈，遇到問題請別人幫助沒什麼大不了。把自己值得擁有更好的作為自己的處事標準，時時刻刻都記得對自己更好一點。慢慢地，我們會發現自己的人際關係和生活工作都會進入新的高度。

其實，我們所有的小氣、羞愧、不好意思以及不願開口向別人求助，都是患有冒名頂替症候群造成的，這種心理讓我們封閉自己，對別人的示好也採取退縮的態度。

—— 3 ——

相信自己值得擁有更好的，能給我們帶來更多的喜悅和滿足，並且能把這份喜悅和滿足傳達給周圍的人，讓自己走出自我封閉的陰影。不過，在試著擺脫冒名頂替症候群之前。我們首先應該測試一下自己的狀態。

下面有幾個問題，大家可以拿出紙筆，對照問題進行自我評價：

🌳 問題 1：你可以擁有多少財富？

到目前為止，在你自己的心目中，你覺得自己可以擁有多少財富，把答案用筆寫下來。

🗣 問題 2：你應該穿什麼樣的衣服？

列舉出你認為自己值得或者喜歡穿的服裝品牌，或者描述出自己喜歡和認為值得的服裝性質和風格。

🗣 問題 3：你值得住什麼樣的房子？

你覺得自己這輩子應該住什麼樣的房子呢？可以分階段寫下來，如現在應該住什麼房子？五年後應該住什麼房子？十年後又應該住在哪裡，那時的房子又會是什麼樣的？

🗣 問題 4：你應該開什麼樣的車？

在你的期望中，什麼樣的車是符合你氣質的？你可以分階段寫，如現在應該開什麼車？等錢再多一些，應該換哪輛車？

需要注意的是，你必須誠實地寫出真正符合你內在感覺和期待的東西。

🗣 問題 5：你值得擁有什麼樣的伴侶？

如果你還沒結婚，可以大膽想像一下，你未來的另一半會是什麼樣子，對方的學歷、工作、長相、收入和性格如何，想像得越具體越好。如果你的身邊已經有了另一半，就可以寫一寫對方會怎麼對待你。例如，她／他早上為你做了早餐，你認為這是不是你值得擁有的。

這個問題的目的是讓你考慮一下自己值得什麼樣的伴侶，並把所有的條件具體化、形象化。

🗣 問題 6：你應該擁有一份怎樣的工作或事業？

你認為自己應該做一份什麼樣的工作，工作的收入是多少？你可以這樣寫：「我值得擁有一份年收入 50 萬元的工作；我值得擁有在一家玩偶公司做設計師的工作，五年後我會擁有一家玩偶公司，年收入達到 100 萬元，實現財務自由。」

🗣 問題 7：你值得擁有多少個人時間？

個人的、完全不被打擾的時間對每個人來說都是十分珍貴的，也是每個人都渴望得到的。那麼，你想擁有多少完全屬於自己的個人時間呢？就拿我自己來說吧，我覺得自己值得擁有每個月三天的個人時間，在這段時間內我可以不被任何人打擾，可以隨意地做自己想做的事情。

🗣 問題 8：你值得擁有一個什麼樣的孩子？

不管你有沒有孩子，都可以把你的想法寫下來，可以具體描述這個孩子的性格、長相等。

🗣 問題 9：你值得擁有一個什麼樣的形象？

你可以把你認為的、和自己相符的形象寫下來。例如，你認為自己值得有一頭美麗的秀髮、光滑白皙的皮膚或者健康苗條的身材。

—— 4 ——

當我們做完上面的測試後，可以再認真地把自己的答案看一看，然後問問自己，為什麼我值得擁有的房子只有這些坪數？（實際多少坪數根據自己所寫的答案而定）為什麼我不能擁有更大、更好的房子呢？透過與自己的對話，我們可以弄清楚自己為什麼自我否定。

心理學家發現這樣一個有趣的現象，如果一個人認為自己不配擁有優秀的伴侶，那麼他就不會找到讓自己滿意的另一半。如果一個人認為自己不配擁有和諧的婚姻關係，那麼他的婚姻狀況就會呈現出不穩定的狀態。我們生活中的所有表象，都和我們的內在「配得感」緊密相關。

每個人的成長背景和心理狀態都不同，所以患有冒名頂替症候群的程度不同，對於如何提升「配得感」，也沒有一個放之四海皆準的方法。但是我們可以透過每天的日常生活去觀察自己的「配得感」是什麼樣的。例如，我們去商場買東西時，首先考慮的是自己的喜好，還是商品的價格？如果，我們首先注意的是商品的價格，就表示我們的「配得感」還有提升的空間。我們可以透過一系列的實踐去讓它提升。例如，我們可以帶著比平時出門帶的錢多好幾倍，去商場試穿那些我們真正喜歡的衣服，去體會穿上那些衣服的感覺。就算此時還無法下手購買也沒關係，我們可以禮貌地對店員說謝謝，然後再去試穿另一件

平時捨不得買的衣服。

透過這樣的實踐，我們可以體驗擁有平時捨不得買的商品的感覺。這個實踐可以有效地幫我們克服心理障礙，提升自己的「配得感」。如果在試穿一件衣服時，我們的「配得感」得到了很大提升，也認為自己值得擁有它，不妨把這件衣服買下來送給自己，因為我們確實值得擁有它！

擁有「配得感」能讓我們真正活在當下，自在地享受自己的人生，不錯過每一段美好的關係，不拒絕每一個擁抱。每個人都要有「配得感」，因為我們值得更好的人生，值得被愛，值得擁有更多，值得更多的可能性。

精準社交

擁有「配得感」能讓我們真正活在當下，自在地享受自己的人生，不錯過每一段美好的關係，不拒絕每一個擁抱。每個人都要有「配得感」，因為我們值得更好的人生，值得被愛，值得擁有更多，值得更多的可能性。

情感連結，維護友誼的小船

— 1 —

有一句俗語，叫做「平時不燒香，臨時抱佛腳。」這句話是諷刺那些急功近利的人，平時沒有燒香拜佛的習慣，有事了才想起求神拜佛，這種「臨時抱佛腳」的行為當然是沒有效果的。

這個道理放在社交中也是一樣的，有的人平時對朋友不聞不問，有事要求人時才想起來連繫對方。如果我們的朋友這樣對我們，我們心裡一定會很不痛快。千萬不要做一個有事才連繫的人，要懂得「冷廟燒香」，平時多跟朋友連繫，交流感情，當需要朋友幫忙時，朋友自然也會心甘情願地幫忙。

當今社會上，有很多急功近利人，只看到眼前的利益，不願意用心經營一段關係，也不願意為朋友付出，這樣的人眼中只有自己。還有一些趨炎附勢的人，在朋友境況不好、陷入低潮時選擇遠離，甚至落井下石，一旦朋友東山再起，他就會自覺地湊上來，這樣的人會讓人敬而遠之。

但是還有一種人，既不是急功近利，也不是趨炎附勢，他們只是習慣了封閉自己，不主動和朋友連繫，哪怕心裡很在意朋友，也會表現得很淡漠、疏離。在他們的心中，主動連繫朋友，就是打擾朋友，所以他們一般不會主動連繫朋友。

　　我的鄰居老張就是這樣的一個人，他平時總是待在家裡，老伴勸他多和同事朋友走動走動，他卻說：「我這個人又不會說話，跟他們聊不到一起去，就不打擾別人了。」

　　老張最近遇到了難題，兒子上大學需要一筆錢，而老張手頭緊拿不出來，老張想到了自己的一個老同學老李。老李現在做生意，賺了不少錢，可以幫得上忙，而且老張和老李既是同學，又在同個公司工作過，兩個人過去的感情很好。

　　可是，自從老李經商以後，老張就很少主動與他連繫。上次連繫還是兩年前老李的兒子結婚，老張去參加婚禮。兩人寒暄了幾句。去年，老李的妻子住院，老張也沒有去看望。為此老伴埋怨老張，說他不該這樣，可老張卻認為自己和老李不經常連繫，貿然上門的話會打擾別人。本來是好朋友的兩個人，卻因為老張的「不好意思連繫」而變得疏遠。

　　老張最終也沒有找老李幫忙，因為這麼久沒連繫，一開口就是找對方借錢，老張實在開不了這個口。如果老張平時能和老李多連繫，相信這次的忙老李一定願意幫。雖然這麼說很功利，但是這件事也從側面反映了，只有平時多和朋友連繫，彼此間的感情才能夠長久保鮮。

—— 2 ——

人生中每份情誼都很難得，特別是年輕時交的朋友，那種真摯的友誼失去後可能就不會再有，所以我們一定要珍惜，要與朋友保持連繫。建立一段關係很不容易，但是結束一段關係的方法卻很簡單，那就是：不連繫！

一份情誼在不同的時期也有不同的意義，青年時代的友誼真摯動人，患難之交貴比黃金。有時候我們不經意的關心和支援，對朋友來說就是雪中送炭，朋友也一定會記得我們和他們之間的這份情誼。

在朋友落魄時，我們也不應該疏遠和漠視對方，因為人生的機遇不會總是一成不變，有低谷就有高峰，我們交朋友的眼光應該放得長遠一些，不要因為眼前的機遇就對朋友另眼相待，而是要一如既往地對待對方。這種高尚的品格，也是做人的智慧。

日本前首相田中角榮就是一個充滿智慧的人，他的成功當選離不開「田中派」的鼎力支援，而「田中派」的形成也和田中角榮做人處事的態度分不開。

在擔任自民黨幹事長時期，田中角榮就很注重和各個黨派之間的關係。每次選舉結束後，他除了向當選的黨派表示祝賀以外，還不忘向競選失敗的黨派表示慰問，他從來不會無視在任何一場選舉中失利的黨派。

田中角榮的行為讓那些落選的議員們深受感動，他們都對田中角榮十分感激，並且把這種感激之情變成了對田中角榮的支援和擁護。隨著支援田中角榮的議員越來越多，「田中派」就慢慢形成了。

田中角榮對待議員的態度始終如一，並不會因為競選失敗就冷落，也不會因為成功而諂媚，所以他在議員們心中就是一個真誠可靠的人，所以議員們都選擇支援他。如果田中角榮當時選擇漠視失敗的議員，只祝賀成功的議員，那麼他在別人心目中就會成為一個勢利小人，議員們也絕不會選擇支援他，「田中派」就更不可能誕生了。

田中角榮的故事告訴我們，心裡裝著別人的人，自然會得到別人的幫助和支援。不因為一時的境遇而對別人區別對待的人，才會得到別人發自內心的尊重。我們對待朋友的態度要一以貫之，不能因為他一時失勢就冷眼旁觀，而是要把目光放得更長遠，用心去經營這段關係，珍惜這段情誼。

「閒時多燒香，忙時有人幫。」只有把朋友真正裝在心裡，在行動上多關心朋友，才能讓友誼維持得更長久。也不要怕打擾朋友，只要我們的關心是出於真心，朋友一定能感受到。要知道，我們認為的打擾，在對方眼裡也許就是關心和支援。不打擾、不連繫，才是對朋友的傷害！

—— 3 ——

那麼，應該如何與朋友保持連繫呢？我們可以從以下幾個方面入手，與朋友多連繫、多交流感情。

🗣 有時間就主動連繫朋友

如果我們有時間，不妨主動和朋友連繫一下，打個電話或發條訊息，哪怕只是隨便聊聊，也能在無形中拉近和朋友的關係。當今社會中，大家的的生活節奏和工作節奏都很快，壓力也很大，平常沒有多少時間交流感情。我們的一個電話和幾句問候，說不定能帶給朋友一些安慰，再一起吐槽幾句，心中的壓力或許能夠得到釋放。

不過，我們主動連繫朋友的時候，要注意不要打擾對方的正常工作，盡量在下班或休息的時候連繫對方，和對方聊輕鬆的話題，既交流了感情，也放鬆了心情。

🗣 多參加朋友聚會

一些不熟悉的人舉辦的聚會或者工作上的應酬，我們不想去可以推掉。但是，好朋友邀約的聚會，如果不是真的忙到走不開，就要盡量參加。雖然我們每個人的工作和生活中都有很多事情要處理，但我們可以把朋友聚會當成一種放鬆的方式。

簡單的聚會不會花很長時間，朋友間的聚會一般來說也會比較輕鬆，而且透過聚會不僅能掌握朋友們的近況，也許還可以了解更多資訊，產生新的想法。

🗣 主動約朋友小聚

如果和朋友有一段時間沒見面的話，我們可以主動安排時間和朋友小聚，如約朋友喝下午茶、吃晚餐、逛街或者看電影。有的朋友平時沒有很多機會見面，也不常連繫，但聚在一起就會有說不完的話，時不時的小聚就是和他們交流感情的方式。如果你身邊也有這樣的朋友，你要主動邀約，和朋友隔一段時間見個面，見面的頻率可以是兩、三個月一次，也可以是半年或一年一次，這要根據每個人的情況而定。

🗣 留意朋友的動態，經常主動關心朋友

現在的網路十分發達，很多人會透過社交媒體把自己的動態發布在網路上。我們可以很方便地了解朋友的近況，如果朋友發表了動態，我們可以主動關心和問候，讓朋友知道我們關注著他，而且把他放在了心上。

🗣 想到就去做，不留遺憾

有時候，我們會突然間想起某位朋友，想去看望他或者給他打個電話，卻因為各種原因而耽擱了，等下次想起來已經過了很久。所以，當我們想起朋友的時候，就應該馬上連繫。當我們想去看望朋友的時候，就應該立刻動身。和朋友的每一次相聚都是緣分，我們應該珍惜，想到就去做，不要讓自己在猶豫和顧慮中留下遺憾。

🎤 連繫不需要很頻繁，但要有心

其實，和朋友不必天天連繫，但是一定要有心。真正的朋友即使很久不連繫，彼此的默契和感情也不會改變，因為他們的交往是真誠的。與朋友連繫不需要很頻繁，適度連繫也可以維繫感情，但前提是真誠和用心。

主動連繫、主動關心，並不是打擾，而是我們對朋友的愛，對待朋友應該用心和真誠，不要做一個有事才連繫的人，因為只有和朋友連繫才能感受到彼此之間的支援和關心。

精準社交

只有把朋友真正裝在心裡，在行動上多關心朋友，才能讓友誼維持得更長久。也不要怕打擾朋友，只要我們的關心是出於真心，朋友一定能感受到。

跳出自尊舒適圈

— 1 —

過去，我和很多人一樣，都認為「求人不如求己」，希望自己能十項全能，能自己解決所遇到的所有難題。但是，事情往往是事與願違，我發現自己總會遇到一些自己搞不定的難題，現實告訴我：「必須向別人求助。」

很多人都信奉「萬事不求人」的原則，認為請求別人的幫助就是自己的無能，開口求人是一件很沒面子的事。其實，這樣的觀點是有些偏頗的。人與人之間互相幫助，這是正常的社會現象，也是人類生存的基礎，絕不是「無能」和「沒面子」。因此，我們在求人辦事時要擺正心態，如果因為怕沒面子不敢開口，或者放不下清高的架子，是很難辦成事的。

想要求人辦事，就要學會放下「面子」，把解決眼前的問題當成自己的首要任務。越王勾踐臥薪嘗膽的故事我們都聽過，縱觀歷史上很多成大事的人都能夠忍辱負重，因為他們都懂得，與眼前的難題比起來，「面子」的分量實在是太輕了。

1980 年代，美國著名企業家李・艾科卡（Lee Iacocca）由於遭到猜忌，被老闆罷免了福特汽車公司總經理的職務。面對這個沉重的打擊，李・艾科卡沒有選擇消沉下去，而是決心重新

開始，再次闖出一片新天地。

　　眼光獨到的李‧艾科卡拒絕了多家優秀企業遞來的橄欖枝，選擇了當時瀕臨破產的克萊斯勒公司，出任該公司的總裁。李‧艾科卡到任後首先實施了一項新政策。新政策規定：以品質、生產力、市場占有率和營運利潤等因素來決定公司主管的分紅。他告訴公司的各個主管，如果沒有達到公司的預期目標，就要扣除 25% 的分紅。同時，他還規定，在公司走出困境之前，最高管理階層的所有人員一律減薪 10%。

　　這項新政策推出後，有人贊成有人反對，反對派主要是公司的部分元老，他們認為李‧艾科卡的做法損害了他們的利益。但李‧艾科卡以身作則，他本人只象徵性地拿了一美元的年薪，這一舉動讓反對他的人無話可說。

　　為了爭取到政府貸款，幫公司走出困境，李‧艾科卡四處求人，不斷接受國會各個小組委員的質詢。其間，李‧艾科卡曾因為過度勞累，導致眩暈症發作，差點暈倒在辦公室。但是，為了解決公司的困境，為了求人辦事，李‧艾科卡把所有一切的苦都忍了下來。

　　最終，在李‧艾科卡的領導下，克萊斯勒公司走出了困境。1985 年的第一季，克萊斯勒獲得了高達 5 億美元的淨利潤，李‧艾科卡也從此成為了美國商界的傳奇人物。而他成功的祕訣就是：放下高傲的自尊，專注於解決眼前的困難。

　　放下面子和氾濫的自尊，勇往直前地為了目標而努力奮鬥，才能解決問題，才能獲得成功。所以，為了解決困難，我們有必要暫時放下自己的面子。

—— 2 ——

　　不管是在生活中，還是在工作中，很多事「成也面子，敗也面子」，有的人為了面子不願求人，還有的人在求人時，為了面子而發怒。這樣做的結果就是，不但解決不了問題，還會得罪那些有可能會幫助我們的人。

　　如果，我們在求人時遇到了刁難，一定要先按捺住自己的火氣，拿出真誠的態度，把解決問題放在第一位，讓對方了解我們真正的目的和需要。而且，我們也不要害怕拒絕與挫折，一個人拒絕了我們，我們就去求另一個人，如果還是不行，就再找下一個人，我們總能找到一個願意幫助我們的人。在求人的過程中我們要時刻牢記自己的目的：解決問題。只有這樣，我們才不會被挫折打敗。

　　不過，我們所說的「放下面子」並不是要表現得奴顏婢膝、低三下四。所謂的「放下面子」就是放下不必要的顧慮，克服恐懼的心理障礙，勇敢地跨出自己的「舒適圈」。

　　唐代詩人白居易十六歲時到長安應試，他來到長安後向當時的文壇領袖之一顧況求助，希望對方能向其他大人物推薦自

己。當時的白居易還是一個無名小輩，成名已久的顧況當然是瞧不上他的。顧況看到白居易的名字，還嘲笑他：「長安米貴，居大不易。」

顧況並不願意幫助白居易，也不想搭理他，但白居易還是堅持把自己的詩稿給了顧況，希望他能看一看。顧況隨手翻開白居易的詩稿後，就被他的才華打動了。詩稿中有一首〈賦得古原草送別〉尤其出色，詩中的「野火燒不盡，春風吹又生」讓顧況忍不住擊節讚嘆，他改變了之前對白居易的看法，讚道：「有才如此，居亦易矣。」

顧況很欣賞白居易的才華，認為他是一個大有前途的青年，是值得自己幫助的，於是答應了白居易的請求，將他引薦給了長安的名人雅士。

白居易求人的態度是不卑不亢的，他並沒有把自己放在很卑微的位置，也沒有拋棄自己的尊嚴，而是用才華打動了顧況，堂堂正正地獲得了顧況的幫助。

— **3** —

當我們向別人求助時，還應該想一想自己有什麼地方值得別人幫助。向別人借錢，要讓對方知道我們有償還的能力；求別人介紹工作，就要向別人展示自己的工作能力；向別人求愛，應該讓對方知道我們有哪些優點值得欣賞。求人不必低三下

四,但要有自己的底氣,否則就不是請求幫助,而是請求別人的施捨。

如果,我們是被請求的一方,也不應該狂妄自大,更沒有必要擺出居高臨下的架子。處於強勢的一方,如果表現得平易近人、通情達理,反而能展現自己的修養和風度。而且,沒有人能永遠不求人,也許下次我們還會求到對方身上,所以即使無法答應對方的請求,我們也要對對方表示尊重和歉意。

向別人求助時,我們不單要克服恐懼、緊張、膽怯的心理,還要放下不必要的面子,勇敢地向別人說出自己的請求。並且,要保持不卑不亢的態度,向對方證明自己是值得被幫助的。求人幫忙,並不是一件丟人的事,我們要用正確的心態去看待這件事。

精準社交

我們所說的「放下面子」並不是要表現得奴顏婢膝、低三下四。所謂的「放下面子」就是放下不必要的顧慮,克服恐懼心理障礙,勇敢地跨出自己的「舒適圈」。

別讓不好意思毀掉社交

—— **1** ——

天有不測風雲，人有旦夕禍福，在我們的一生中，總會遇到一些單靠自己很難渡過的劫。這時，我們總是需要別人幫一把。我們畢竟是肉體凡胎，不是鋼筋鐵骨。就算是金剛鐵骨的齊天大聖也有被如來佛壓在五指山下的一天，也需要唐僧救他出來。無論是社會名流，還是無名之輩；無論是家產上億的老闆，還是為生活奔波的勞工；無論是睿智的學者，還是毫無學問的人，都是無法靠自己一個人在這個世界上生存的。

遇到難處就要會求人，不用「不好意思」。有時候，我們的「不好意思」和「倔強」反而會讓自己陷入困境。

我的同學志斌就是一個非常不好意思開口求人的人，他之所以形成這樣的性格，也是有原因的。志斌還在上學時，一次買東西忘了帶錢，打電話給一個同學，請同學先過來幫忙把錢付了，可是那位同學卻找理由拒絕了。這讓志斌在收銀臺手足無措、尷尬萬分，很沒有面子。

從這件事以後，志斌跟那位同學的關係就淡了，他還在心裡暗暗發誓，不論以後遇到什麼困難，都不會再去求人。

工作以後，志斌也是任何事都親力親為，從來都不求助別

人。遇到上交業務報告的時候，因為不願意求人，他寧願自己
熬夜幾天一個人把報告做出來。出去開會忘了帶檔案，他寧願
自己跑很遠的路回來拿，也不願請同事幫忙發一封電子郵件。

　　一次，志斌的父親生病需要住院，但醫院的床位很緊張，
所以老人不得不住在臨時病房裡。志斌幫父親辦理入院手續
時，碰到了一個小學同學，這位同學已經是醫院的主治醫師
了。志斌雖然知道這件事，但他並不願意向那位同學求助。

　　那位同學知道志斌的父親在自己所在的醫院住院後，就找
到了志斌，責怪地問他：「伯父住院沒有床位，你為什麼不告訴
我呢？雖然我們醫院床位緊張，但我可以把伯父介紹到同等級
的其他醫院去啊，那裡的條件也很好，我還有熟人可以關照伯
父，何必要去住臨時病房呢？」志斌聽了同學的話，心中感到有
一絲後悔。

　　父親生病的那段時間，志斌每天都很辛苦，白天上班，晚
上還要到醫院照顧父親。父親做大手術的那天，志斌幾乎整晚
都沒有闔眼，第二天早上到公司以後，他覺得非常疲憊。可令
他意外的是，自己的辦公桌上乾乾淨淨，信箱裡也空空如也，
連一件待辦工作都沒有。

　　這時，同事小趙驚訝地問他：「志斌，你怎麼來上班啦！大
夥都知道你爸爸生病的事了，也聽說你爸爸昨天做了手術，我
們想著你肯定一夜沒睡，就把你的工作分掉了。你快回去好好

休息休息吧！」同事的話讓志斌很感動，他連連對同事道謝。

　　主管見志斌來了，把他叫到自己的辦公室，很嚴肅地對他說：「志斌啊，這就是你的不對了。我們大家既然是同事，又是朋友，就應該互相幫助。你家裡有困難就應該直接說，不要不好意思開口。我和幾個經理商量了一下，給你放一個星期的假，回家好好照顧你父親，你自己的身體也要注意。」

　　主管的話讓志斌既慚愧又高興，他意識到自己的同事和朋友們都很願意幫助他，他也很後悔沒有早些向大家求助。

—— 2 ——

　　在我們身邊有很多像志斌一樣的人，即使已經身陷困境、焦頭爛額，也不願意開口向別人求助，總覺得開口向別人求助很沒有面子。他們之所以會這樣做，就是因為心存顧慮，擔心別人拒絕自己，讓自己下不來臺。為了避免想像中的難堪，他們選擇不開口，寧願自己花費數倍的精力和時間去做一些費力不討好的事。

　　像劉備和周文王這樣的人尚且願意屈尊求賢，我們作為一個普通人，遇到困難向別人求助又有什麼不好意思的呢？為了讓自己少走彎路，我們一定要學會正確求助別人。做好了心理準備，我們在求人時還要講究方法。既要讓別人心甘情願地幫助我們，又要不讓自己難堪。

在向別人求助時只要注意以下的三點，我們就能不吃「閉門羹」。

🗣 不怕拒絕

只要是求人，就有被拒絕的可能。我們自己首先要做好心理準備，別人幫不幫我們都在情理之中。所以，我們要坦然接受別人的拒絕，不要過分請求別人，也不要因為別人的拒絕而懷恨在心。做好了被拒絕的心理準備，我們就不會因為別人的拒絕而感到難堪。

🗣 態度謙恭

求人幫忙的態度要謙恭，說話要客氣，不要擺出孤傲的架子，只有這樣才能打動對方。必要的時候，我們還要適當抬高對方，以此達到請求幫助的目的。即使對方對我們很不客氣，我們也不要針鋒相對，而是要不卑不亢，保持自己的風格。

🗣 感情投資

找別人幫忙，肯定會讓別人投入精力和時間。所以，我們要充分表達自己的感謝和誠意，請對方吃個飯或者送對方一份禮物，向對方表達我們的心意。如果條件不允許，我們也可以在事後補上，因為別人幫了忙，我們不能沒有任何表示。這些做法，其實都是一種情感投資，這也是打動對方的一種方法。我們千萬不要小看感情投資，它在人際交往中會發揮很大的作用。

　　小說《三劍客》（*The Three Musketeers*）中有一句話讓我印象非常深，這句話是「我為人人，人人為我。」我們活在世上不可能不求人，也不可能不去幫助別人，人與人之間的互相幫助，是我們人類克服困難、發展至今的必備條件。一個人的能力再強，沒有別人的幫助也會舉步維艱。所以，我們在遇到困難時，不用不好意思，只要懂得如何求助，我們就會發現得到別人的幫助其實很簡單。

精準社交

　　一個人的能力再強，沒有別人的幫助也會舉步維艱。所以，我們遇到困難時，不用不好意思，只要懂得如何求助，我們就會發現得到別人的幫助其實很簡單。

擁有被拒絕的勇氣

— 1 —

「世事洞明皆學問，人情練達即文章」，怎樣才算是世事洞明、人情練達呢？我想「察言觀色」和「說話技巧」一定是兩項最基本的技巧。遇到要求人的情況時，事情能不能辦成，關鍵要看我們會不會說話，會不會「看眼色」。有時候，我們之所以被拒絕，就是因為我們做得不恰當。

只要了解了求助的對象，弄清對方的態度和意圖，再結合自己的請求說出恰當的話，你就會發現，其實求人一點也不難。如果我們平時注意了解對方，注意拉近和對方的距離，把對方從陌生人變成熟人，再從熟人變成朋友。只要雙方的關係到位了，我們再開口求人就會順利得多。

機會都是留給有準備的人的，尤其是那些隨時準備「厚著臉皮」求人的人。在求人的時候，「害羞」和「矜持」是毫無用處的，只會拖我們的後腿。很多人為了自己的面子，不願意去當面附和別人，即使心裡是這樣想的，但行動上卻做不出來。在我們開口求人時，這種「障礙」是必須要克服的。我們應該先把「自己」暫時放在一邊，站在對方的角度考慮問題。

我們可以先談論對方熟悉或者感興趣的話題，並根據情況

靈活應變。把膽子放大一些，把話說得好聽一些，說到對方的心坎上，就能夠迅速開啟局面。有了好的開頭，對方一定會願意聽我們繼續說下去，這樣一來，我們距離目標就又近了一步。

—— 2 ——

我曾看到過一個業務員的故事，他被拒絕後也不抱怨、不氣餒，而是改變策略，再次向他的目標發起「進攻」。

漢克是一個業務員，可是他不太會說話，而且他推銷的太陽能發電裝置價格昂貴，用的人非常少，所以他的業績一直很不理想。但是，這種裝置只要賣出去一臺就能獲得很可觀的利潤，因此即使銷售業績不好，漢克也沒有想過放棄，仍然不斷地努力推銷，他相信自己一定能成功地把這個產品推銷出去，賺取不菲的佣金。

一次，漢克來到一家農場推銷裝置，農場裡的農舍乾淨整潔，漢克看出這家農場很富有，農場的主人也具備相當的財力，他認為這家農場的主人就是他的目標客戶。站在農場門口的漢克聽到了雞叫聲，還看到成捆的飼料正不斷運進農場，他推斷這是一家大型養雞場。

漢克走到農舍前敲了敲門，一位慈祥的老太太過來開了門，沒想到一聽說漢克是一名業務員，老太太就立刻關上了門。第二天，漢克又上門了，老太太看到又是昨天那個人，就

準備關門。漢克急忙對老太太說：「您好，我雖然是業務員，但我在附近的飯店工作，這次我不是要向您推銷商品，而是想在您這裡買一些雞。」

老太太聽說漢克是來買雞的，就把門開啟了。漢克接著說：「我們飯店為了尋找品質優良的雞，已經陸續看了好多個地方了。很多人向我推薦您農場裡出產的雞，他們說您的雞是附近養得最好的。我能參觀一下嗎？」老太太聽了漢克的話，爽快地答應他，並帶他到雞舍參觀。

漢克趁機和老太太話家常，還聊了很多關於養雞的話題。漢克不斷誇獎老太太的雞養得好，並向她介紹起先進的養雞裝置，老太太聽了以後十分心動，漢克就順勢把自己公司的太陽能發電裝置介紹給了老太太。有了發電裝置，老太太的養雞場裡就能用上先進的養雞裝置了。

沒過多久，漢克的公司就收到了老太太的訂單，又過了一段時間，老太太所在地區的農場主人們也紛紛向公司訂購裝置。漢克出色地完成了自己的銷售任務。

—— 3 ——

從漢克的故事中，我們可以看出，如何開口求人是一門大學問，怎樣透過說話達到自己的目標也是值得我們鑽研的。時機往往稍縱即逝，很多人因為準備不足而被拒絕，失去了達到

自己目標的機會。所以，開口求人之前一定要仔細思量，只有這樣我們才能做到心中有數。

我們不能打無準備之仗，開口之前要透過對方的言行舉止，觀察對方此刻的心情、性格特質以及喜好，再仔細斟酌自己的語言，以便掌握對方的心理，獲取對方的好感。只要我們肯用心，不要過於急躁，就能找到突破口，讓對方答應我們的請求。

此外，我們還要學會給自己留餘地，不要把話說死，也許下次我們還會有求於對方。如果對方拒絕了我們，我們也不該惱羞成怒，而是應該再重新思考對策，也許下次我們就能說服對方。

例如，我認識一個特別擅長找人借錢的人，他每次開口找別人借錢時，都不會直接開口提「錢」，而是先說一些別的話題，他會從對方的反應中判斷現在是不是借錢的好時機。如果他判斷對方有可能會拒絕，就會先把借錢的事放在一邊，等下次有機會時再開口向對方借錢，他這麼做大家一般都不會拒絕他。如果這個人也像有的人一樣，直接開門見山地開口借錢，恐怕就會被對方以各種理由拒絕了。

所以，如果我們在求人時，先不要急著抱怨對方，而是要檢討一下自己，看看自己說的話是否恰當，自己的態度是否謙恭。如果既想得到別人的幫助，又不願意為此付出努力，那

當然不會得到自己想要的結果。求人也要有的放矢，只有這樣才有可能成功。若不注意自己的語言和態度，我們在求人辦事時，肯定會遭到拒絕。

精準社交

求人也要有的放矢，只有這樣才有可能成功。若不注意自己的語言和態度，我們在求人辦事時，肯定會遭到拒絕。

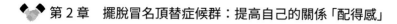

第 *3* 章
高情商社交法則 1：
共情 —— 如果我是你，我需要什麼

請求幫助，是社交的開始，
但不是什麼樣的請求都能幫你贏得好的人際關係，
不恰當的請求只會造成反效果。
請別人幫忙時沒有分寸，或者不知感恩，
都會讓別人心生反感。
涉及金錢和利益的請求，會讓社交變了味。
當小請求變成大問題時，你離「孤家寡人」就不遠了。

損人利己，最終都是損己

—— 1 ——

　　近年來「零和賽局」理論越來越受到重視，「零和」是兩者相加等於零的意思。假設一個遊戲中有兩個參與者，一個是輸家一個是贏家，輸家輸掉的那部分正好是贏家所得的部分。

　　例如，遊戲中輸家的得分為－1，贏家的得分為1，那麼（－1）＋1＝0，這就是所謂的「零和賽局」。

　　「零和賽局」展現的是一種競爭和對抗，雙方必定要分出個輸贏，而且其中一方獲益，另一方的利益就必定要受損失，但是雙方都沒能在賽局過程中創造出新的價值。這個世界上很多地方都進行著「零和賽局」，不同的國家之間要爭奪資源，不同的陣營之間有輸有贏，所有的生意也都有賺有賠，整個世界甚至被看成一個巨大的「零和體」。

　　正因為如此，很多人認為世界就是一個弱肉強食的「叢林」，要獲取任何東西都要靠掠奪，如果不侵占別人的利益，自己就會蒙受損失。在這些人眼中，人與人相處時，想「利己」就要「損人」，甚至在請別人幫助時也會抱著損人利己的思想。

　　但是，在社交中「零和賽局」思想已經被人們逐漸摒棄，人們更願意把「雙贏」作為目標，即保證雙方的利益，共同獲益。

只有這樣，人類社會才能減少「零和賽局」帶來的內耗，才能共同創造出新的財富，實現共同發展。因為，無論是國家還是個人，都不是獨立存在於這個世界的，我們的利益是共同的，人類的未來需要所有人共同努力。從長遠來看，「零和賽局」對任何一方都是沒有好處的。

所以，請別人幫忙不是損人利己，而是社交的需要。每個人都會遇到憑一己之力不能解決的問題，這時候就需要請他人幫忙，良好的人際關係就是在互相幫助中建立起來的。

如果我們在社交中做了損人利己的事情，實際上不會真正對自己有利。損人利己實際上是「零和賽局」，不是一種正確的掌控人際關係的方式。

企圖讓別人蒙受損失，以便達到自己獲利的目的人，是不會有穩定而和諧的社交關係的。

—— 2 ——

說到「損人利己」我就想起了我的一個大學同學王濤，他是一個特別「精明」的人，無論做什麼事都想一個人把好處占盡。他的這種習慣，讓自己成為了班上人緣最差的人，就連畢業時都沒有人願意與他合照。

我記得快要畢業的時候，大家都在緊張地準備自己的畢業論文，同寢室的小張和小王都把自己的電腦帶到了學校，寢室

裡的其他同學有時候會借用他們的電腦來查閱一些資料，小張和小王也願意把電腦借給大家。借電腦的同學也有自覺，從來不會長時間使用。但是，王濤從來不考慮別人，每次借用電腦都霸占很長時間，也不管小張和小王是不是要用。

一次，王濤又找小張借電腦，小張想著馬上要畢業了，同學之間幫點小忙也沒什麼，就把電腦借給了他。同時，小張反覆叮囑王濤：「我的畢業論文都在電腦裡，千萬不要把有病毒或者來歷不明的隨身碟插在電腦上。」王濤說：「放心吧，我知道了！」

王濤從電腦上下載了很多參考文獻，他本來準備把檔案傳到自己的電子信箱，但是學校的網速比較慢，傳完所有檔案要花很長時間。為了節省時間，王濤就不管不顧地把隨身碟插在了電腦上，把檔案傳到了隨身碟中。王濤經常在圖書館、網咖等公共場所使用那個隨身碟，他也知道裡面很可能有病毒，而他為了自己方便，就把小張的叮囑拋到了腦後。

晚上，小張回來後發現自己的電腦中病毒了，電腦中的檔案完全無法開啟，他確定當天只有王濤一個人使用過他的電腦。於是，他生氣地質問王濤：「你是不是把帶病毒的隨身碟插到我的電腦上了，我不是跟你說了不能插隨身碟嗎？」

王濤雖然自知理虧，但嘴上並不承認，他說：「你憑什麼說是我，也許是你的電腦自己出了問題呢？」

小張說：「不可能，今天就你用了我的電腦。我的畢業論文還在電腦裡，現在也打不開了。」

「你憑什麼說是我弄的，你有證據嗎？你自己的畢業論文沒備份怪誰啊！」王濤不僅不承認錯誤，還繼續狡辯。

小張不想再和王濤理論，拿著電腦氣沖沖地出門了。小張花了幾千元才把電腦修好。幸運的是，電腦中的資料都恢復了，否則小張能不能順利寫完畢業論文都是個問題。

王濤明知道自己的做法有可能給小張造成損害，但是他為了圖自己的一時方便，就做出了損害別人利益的事，他的行為就是典型的損人利己。

王濤既借用了別人的電腦，又不想花時間傳檔案，他的這種想法是自私自利的。這種總想著自己的利益不顧別人的人，是不可能與別人長期交往下去的。因為對方也不願意一直受損，一定不會維持這樣的「友誼」。

—— 3 ——

求助本來是一種很好的拉近彼此距離、讓關係更緊密的方法，但有的人卻愛製造問題，專門做一些損人利己的事。這樣的做法，不僅不能解決問題，反而會像我的同學王濤一樣，毀了自己的人際關係。

我們不應該把社交當成一場「零和賽局」，不要做損人利

己的事，我們應該在社交當中與朋友共同獲益，彼此支援和幫助，只有這樣才能精準社交。那麼，我們應該如何避免「損人利己」的做法呢？以下幾點可以供大家參考。

別把目光盯在自己的利益上

如果一個人眼中只有自己的利益，那麼他必定不會為別人考慮，做出的事也一定是「損人利己」的。眼中只有自己的利益，往小了說，是自私自利的表現，往大了說，就是格局太小，不懂得把目光放長遠一些。

社交中還有很多利益以外的東西，與朋友之間的情誼，被需要的感覺，助人的快樂都是值得我們去追求的。而且，古往今來的無數故事都告訴我們，越是苦心追求利益，越是得不到利益。

造成損失要想辦法彌補對方

如果，別人因為我們的事情蒙受了損失，我們一定要想辦法盡量彌補對方。因為，對方是因為我們的事才受了損失的，我們絕不能袖手旁觀。例如，我的一位同事因為外出幫我辦事而掉了 500 元，雖然他一再表示是自己不小心，但我還是堅決把 500 元給了他，因為我知道，這件事是因我而起的，如果他不是為了幫助我，也不會丟錢。

別耍小聰明

那些有好人緣的人不會耍小聰明，因為他們都知道耍小聰明吃大虧。耍小聰明、使小手段雖然能得到眼前的蠅頭小利，

卻會搞砸自己的人際關係。耍小聰明的人都有一個通病，那就是把別人當成「傻瓜」，殊不知別人只是不願意拆穿罷了。只有那些有大智慧的人，才能在社交中獲得更多的幫助和利益。

　　想獲得良好的人際關係就不要給別人找「大麻煩」，損人利己的事做多了，人際關係就會慢慢流失。為了眼前的一點利益，損失了寶貴的人際關係，實在是得不償失。

精準社交

　　企圖讓別人蒙受損失，以便達到自己獲利目的的人，是不會有穩定而和諧的社交關係的。

社交鐵律：處理好感情和利益

— 1 —

古往今來，不合時宜的感情和利益都會產生一系列的糾葛，剪不斷理還亂。所以，在社交當中，千萬不要碰不屬於你的感情和利益。

人與人之間一旦建立了關係，就會產生感情，無論是親情、愛情還是友情，都是透過人與人之間的溝通和交往產生的。感情也是維護社交關係的重要紐帶，這個紐帶是最牢固、最緊密的。

不可避免地，人與人之間也會產生利益關係，有利益就會有矛盾和分歧，利益可以把雙方聯合起來，也可以讓人際關係分崩離析。建立在利益基礎上的社交具有很大的不確定性，當雙方利益一致時，關係自然緊密，一旦雙方的利益訴求不同時，關係就會分崩離析。

我認為，在社交中感情應該放在利益前面，因為感情一旦破裂就無法彌補，而利益永遠都在不斷變化。有的社交是以感情為基礎，但摻雜了利益，當利益失去以後，還有感情可以維繫雙方的關係，而以利益為紐帶建立的社交關係，是不會很長久的，一旦出現利益分歧，雙方關係就會破裂。

所以，我們在社交中要以感情為基礎，交往初期盡量不要涉及利益，請對方幫忙時也不要涉及金錢和利益。當我們的求助摻雜了金錢和利益，就有可能讓關係變味。涉及金錢，有可能會讓雙方變成契約和僱傭關係，涉及其他利益，有可能讓雙方變成利益交換的關係，而無論哪一種，都是不穩定、不長久的社交關係。

—— 2 ——

要想精準社交，就要懂得感情才是人際交往中最重要的因素，而我們也應該想辦法和對方培養感情。我們可以把求助變成一種情感投資，雙方變成互助的關係。

對於這一點，我的朋友有切身的體會。前幾年，她換了工作，剛剛進入新公司對各方面都不太熟悉。辦公室的同事都很忙碌，而她卻如無事人一樣坐在辦公桌前，在忙得熱火朝天的辦公室裡顯得格格不入。

正在她如坐針氈時，當時的辦公室主管張姐對她說：「小李，你來幫我個忙吧！」她連忙說：「好的，張姐。」張姐拿出一份員工資料登記表，對她說：「正好你剛來還沒什麼事，幫我把員工資料補錄完整，如果有缺失的資訊，你可以找他們要。」終於有事做了，她鬆了一口氣，對張姐說了一聲：「好的，謝謝。」

張姐讓她補錄員工資料，不僅給她找了件事做，還讓她透

過詢問資料和同事熟悉了起來，她感覺自己一下子就融入了新公司。當時她還很慶幸，幸虧張姐這裡還有點事讓她幫忙，要不然她一個人坐著多尷尬啊！

後來，她才知道，原來張姐的員工資料早就登記完了，張姐看出她一個人坐在那裡既無聊又尷尬，而且也不好意思和同事打招呼，就故意請她幫忙了一下，化解了她的尷尬，也讓她跟同事搭上了話。

張姐的用心良苦讓她十分感動，同時也是她在公司裡的第一個主管，也是她的好朋友，後來張姐離開公司，她們的關係依然很親密。張姐用求助幫她脫離了窘境，她因此對張姐產生了好感，後來知道原因後，她對張姐的細心和關注就更加感激了。

一個小小的關懷，就可以輕易贏得別人的好感，我們何樂而不為呢？其實，求助也是一種巧妙的情感投資，它不涉及金錢和利益，卻讓對方的內心感到溫暖。在社交中，如果一開始就有人以拉近關係為由找你借錢，你一定會認為對方太過唐突，或者是別有用心。但是，情感投資式的求助就不同了，不僅能為雙方關係打下基礎，還能讓對方欣然接受。

—— 3 ——

金錢和利益永遠買不到真情，物質上的滿足也填補不了感情上的缺失，所以，在社交中，情感投資遠比利益和金錢更有

效果。而且，情感投資如果運用得巧妙，還會有意想不到的收獲。那麼，我們應該怎樣利用求助進行情感投資呢？

🎤 巧用求助為他人解圍

上文中提到的張姐，就用求助幫別人解了圍。我們也可以像張姐一樣，借求助為別人解圍，對方一定會記得你這份人情，而且也能為你和他的社交關係打下很好的基礎。例如，當別人下不來臺時，我們可以請他幫忙做一件小事，讓他快速地從尷尬中擺脫出來。

🎤 求助別人時避免金錢往來

避免金錢往來有兩個好處，第一個好處是防止發生糾紛，金錢上的往來是最容易發生糾紛的，而且涉及金錢的事情，對方一定會更加謹慎，有可能會拒絕幫助我們。第二個好處是方便我們下次「還人情」，如果有金錢往來，「還人情」的方式就是「還錢」了，沒有金錢往來的話，我們可以以別的方式「還人情」，可以藉機與對方加強互動。

🎤 求助時考慮對方的時間成本

時間就是金錢，這句話每個人都知道，但很多人只把自己的時間當成「金錢」，卻不把別人的時間當回事。如果向別人求助，雖然不涉及金錢，但要花費對方很多時間，也是對對方利益的一種損害。

🎤 別讓求助成為壓力

　　我有個朋友上班總是遲到，於是她要我每天早上打電話叫她起床，剛開始我很樂意，也覺得這能讓我們的感情更親密。

　　但是時間一長，我就感到了壓力，因為我和她的上班時間不同，每天提醒她讓我覺得有點累了，於是我買了一個漂亮的鬧鐘送給她。我這位朋友的求助就會讓人感到有壓力，這種求助就有些過頭了。

　　社交的基礎是感情，人際關係也要以感情為紐帶才能長久地維繫下去，所以，我們在社交中應該把利益放在後面，向別人求助時盡量不要涉及金錢和利益，要把感情投資放在第一位。

精準社交

　　我們在社交中要以感情為基礎，交往初期盡量不要涉及利益，請對方幫忙時也不要涉及金錢和利益。當我們的求助摻雜了金錢和利益，就有可能讓關係變味。

精準社交，懂得討好有道

— 1 —

建立自己人際關係的最大目的就是互相幫助，我們有困難的時候需要朋友的幫助，朋友有困難時也需要我們的幫助。在社交中，互惠互利是最高原則，也是人際關係建立的基礎。如果我們一直「麻煩」別人，自己卻不付出，那麼朋友就會離我們遠去。只有單方面付出的關係是無法長久的，要想建立良好的人際關係，我們就要明白一個道理：欠的人情總是要還的，幫助也是互相的。

互惠互利是人與人交往的基礎，如果沒有與他人互惠互利的精神，我們將很難在社會上立足，也很難建立自己的人際關係。只有利人才能利己，別人幫了我們，我們要記在心裡，當對方遇到困難時，我們應該主動伸出援手。就算幫不上忙，也要對對方表示關心與慰問，讓對方知道我們記著對方的人情，也願意報答這份人情。

都說「人情債最難還」，確實如此，因為「人情債」中不僅包含了物質，還包含了沉甸甸的情分，而人情往來的關鍵也是一個「情」字。物質是有形的，而「情」則是無形的，償還朋友物質上的付出很簡單，只需要付出金錢和時間就夠了。但是，償還對方的情分，就需要我們為對方付出真心實意。

　　所以，「還人情」並不是簡單的物質交換，而是以真心換真情，需要我們用一顆真誠的心回饋對方。「為朋友兩肋插刀」這句話不是口頭上說說就可以的，當然，一般情況不會有那麼嚴重，但是朋友有困難時我們不能裝作看不見，或者為了「還人情」而敷衍對方。在互惠互利原則的影響下，我們不真心幫助別人，別人也不會真心幫助我們。

　　很多人覺得人際關係就是赤裸裸的利用，雖然表面上看起來確實如此，人與人之間的關係摻雜著各種利益。但我們不應該否定人與人之間的情誼，要知道感情上的交流和精神上的溝通在本質上也是一種互惠互利。所以，我們要正確了解「人情往來」，該還「人情」時就要真心地去償還，別人「麻煩」我們時也要真心地給予幫助。

—— 2 ——

　　在生活中，朋友之間如果沒有互惠互利，只有一個人單方面的付出，另一個人欠了「人情」也不想著還，那麼兩個人之間的關係就會產生不平衡，關係也會面臨著破裂。

　　我的兩個大學同學王娟和朱琳，就是因為「人情債」而讓友情走到了盡頭。她們兩人畢業後恰好在同一個城市工作。王娟畢業後很快找到了工作，而朱琳卻在找工作時遇到了困難，而且感情上也遭遇了變故。王娟覺得於情於理，自己都應該幫助

朱琳，於是她利用所有人際關係幫朱琳找了一份外商的工作。

當時，朱琳和男友分手了沒有地方住，王娟就讓朱琳搬到自己家裡住。朱琳在王娟家裡一住就是三個月，雖然王娟的家也不大，但是她盡量為朱琳創造了好的居住條件，直到朱琳找到合適的地方，她才搬出去。

後面幾年，王娟一直對朱琳十分關照，朱琳的老公也是透過王娟介紹認識的。又過了好幾年，王娟自己開了一家公司，她想把自己的兒子送到國外去留學，但是簽證遇到了一些問題。王娟想起朱琳這些年一直在國外跑，或許有一些經驗，於是她打電話給朱琳，想讓他幫忙問問簽證的事情。

朱琳滿口答應了，但是過了好幾週也沒有訊息，王娟只好再一次打給朱琳，對方卻說忘了，又保證一定會幫忙，請王娟等訊息。但是又等了一個月，眼看著申請時間就要到了，王娟只好去朱琳的家裡找她，才發現朱琳已經出國了。原來，那段時間朱琳一直忙著自己出國的事情，根本沒有關心王娟兒子簽證的事。最讓王娟心冷的是，朱琳走時也沒和自己說一聲，讓自己兒子的申請時間全被耽誤了。

朱琳的做法讓王娟感到很難受，她覺得自己這些年的好心都被當成了驢肝肺，她自嘲地想：以後就當沒有朱琳這個朋友吧！

相信很多人都有過和王娟同樣的遭遇，我們幫助了某個

人，對方卻從來沒有感恩之心，把我們的付出看成是理所當然。其實，我們不要求對方一定要償還我們什麼。但是對方至少應該記得曾經受到的幫助。

同樣的，我們也不應該把別人的幫助看作理所當然，要知道，沒有人有必須幫助我們的義務，願意幫我們的人都是願意對我們好的人。也許，對方從未想過要我們回報，但我們必須把人情記在心裡，並在適當的時候回報對方。

—— **3** ——

人情是一定要還的，麻煩了朋友，我們一定要表示感謝，下次朋友麻煩我們時，我們也應該盡自己所能地提供幫助。那麼，「人情債」到底應該怎樣還呢？下面幾點可以供大家參考：

🗣 口頭上立即表示感謝

接受了別人的幫助，無論事情是大還是小，我們都要立即表達口頭上的感謝，這一點是非常重要的。而且還要表達自己知恩圖報的態度，例如，對對方說：「以後有什麼用得上我的地方，儘管開口。」

雖然，對方幫我們並不是求回報，但需不需要回報是對方的事，做不做、說不說卻是我們自己的事。如果我們立即表達了我們的感謝和願意回報對方的態度，對方心裡也會感到很舒服，不會覺得自己白忙一場。

✿ 分清對象，心中有數

人與人之間有很大的區別，有的人非常大度寬容，本身也很樂於助人，幫助了我們也不在乎我們是否感激或回報。對於這樣的人，我們除了要表達感激之情，還要把人情記在心裡，但不必刻意地補償對方，以後找到機會再及時幫助對方就行了。

還有一種人，是出於某種目的才幫助我們的，對自己的付出很在意，希望我們能回報他。對於這類人，我們不僅要表達口頭感謝，還要在近期給予對方適當的物質回報或補償，例如給予金錢作為酬謝金，或者幫他一個忙。這樣的回報一定要及時，否則對方心裡會記恨。

✿ 選擇適當的方式還人情

還人情的方式有很多種，最普通的一種就是請對方吃飯以表謝意，這樣的方式比較自然。如果對方幫的忙不大，我們可以採取這樣的方式，在談笑之間表達感謝、交流感情。

還有一種方式是請對方出去玩，例如唱歌、看電影、郊遊等，這種方式適用於關係比較親近的朋友。好朋友之間的人情往來是很難用幾句話說清的，所以一切盡在不言中。請對方出來玩，主要目的是表達自己的感謝。

第三種方式是在對方需要時，伸出援助之手。當對方家裡有事，或工作上遇到困難時，我們要盡最大的力量去幫忙。這樣的方式適用於好朋友和幫過我們大忙的人，如果對方對我們

「雪中送炭」，那麼，我們怎麼回報都不為過。而最好的回報就是，在對方需要時，提供幫助與支援。

最後一種方式，是給對方或對方家人送上禮品，用物質來還這份人情。這種方式適用於長輩或上級，一般來說，我們平時很難有機會幫上對方，所以送禮物表達關心和感謝也是很好的方法。

—— **4** ——

如何還人情沒有一定之規，我們要根據情況靈活應對，但是，有幾種方式卻是絕對不可取的。還人情也有「三大忌」：

● 切忌「交換式」還人情

把人情關係當成生意和交換是大忌，有些人有種「不願意欠人情」的心理，在這種心理的驅使下，人家幫他一次忙，他也要趕緊找機會幫人家一次，或者買點什麼東西送給人家。這樣做，會讓對方覺得我們在急著與他撇清關係，所以，除非對方要求，我們不應該把還人情當成交換。

不要怕「欠人情」，有時候，互相欠一點人情，反而會讓彼此的關係更親密。只要我們把欠下的人情放在心裡，總能找到機會回報對方。

● 切忌還人情時太生硬

有的人會把人情還得很生硬，例如，某人結婚時，同事給他隨了禮，但同事已經結婚，也有了孩子，一時也沒有什麼事

情需要包紅包。但是這個人非要把人情還給同事，他就在春節時給同事包了一個紅包，讓同事感到十分尷尬而且莫名其妙。所以，我們千萬不要為了還人情而還人情，如果沒有合適的機會，寧可先不還。

🗣 切忌心安理得欠人情

有的人沒有欠人情的意識，欠了人情也很心安理得，不僅不想著還人情，對方需要幫助時也不理不睬，長此以往，就不會有人幫助他了。所以，人情是一定要還的。

我很喜歡美國文學巨匠海明威（Ernest Hemingway）的一句詩：「沒有人是一座孤島」，的確，人與人之間需要團結合作、彼此幫助，單方面索取是無法維持關係的。所以，欠了人情一定要還，麻煩也是互相的，只有在人情往來中，人與人之間的關係才會越來越有黏性。

精準社交

沒有人是一座孤島，人與人之間需要團結合作、彼此幫助，單方面索取是無法維持關係的。所以，欠了人情一定要還，幫助也是互相的，只有在人情往來中，人與人之間的關係才會越來越有黏性。

清晰的自我認知

── 1 ──

令人不悅而不自知，是最讓人厭煩的行為，它會讓人在社交當中沒有朋友。有時候，我也會碰到這樣「不自覺」的人。

有一天，我正在忙工作，突然收到一條訊息：「能幫我寫篇文章嗎？」我看了看發訊人，是一個平時不怎麼連繫的朋友。對方和我只是國中同學，我們只在同學會上說過幾次話而已。收到訊息後我並沒有回覆，對方又緊接著發了幾條訊息。

「你寫作水準不是很高嗎？順便幫我寫一篇啊，我把要求發給你吧。」

「在嗎？怎麼不說話！」

我心裡一陣惱火，直接刪除了這個人。我們在生活中一定都遇到過這樣的人，在別人工作的時候接二連三地打擾，找別人幫忙態度還很惡劣，彷彿別人就應該給他幫忙一樣。而且，他拜託別人幫忙的事明明是很煩瑣，又很費工夫的，卻表現出只是請別人順手幫忙，完全沒有自知之明。

這樣的人就是令人不悅而不自知的人，相信所有人都會和我一樣選擇遠離他們。這些人把別人的幫助當作理所當然，而且絲毫沒有感恩之心，別人不幫他，他還會懷恨在心。這種處

事方法，只會讓自己的人際關係斷光光。

平面設計師設計一個圖示在他們眼中非常容易，律師看合約在他們眼中也是幾分鐘的事，醫生安排床位就像吃飯喝水一樣簡單，這些人都應該順手地、無償地幫助自己，如果要報酬就是不仗義。

這些人之所以會令人不悅而不自知，是因為他們不尊重別人的勞動成果，也不在乎別人為了幫助他需要付出多少時間和精力，他認為這只是小事一樁，只要他開口，別人就應該答應，否則就是沒人情味。

但是，這種吃力不討好的事誰都不願意做，時間一長，大家自然會遠離這樣的人，我們可以觀察一下自己身邊的朋友，像這種令人不悅而不自知的人，一定是人緣最差的那一個。

—— 2 ——

以人為鑑可以明得失，既然我們自己如此厭惡這樣的人，就要時刻提醒自己，不要成為一個令人不悅而不自知的人。我們在求人幫忙時，千萬不要得寸進尺，不要把別人的付出當成理所當然。別人幫助了我們，我們應該表示感謝，或者想辦法回報別人。

我們還應該先搞清楚，自己拜託別人幫忙的事情到底需要耗費別人多少時間或金錢，是否應該開口請別人幫忙。另外，

我們還要對別人的工作和職業有一定了解，不要想當然地認為某件事對別人很簡單，盡量不要讓別人為難。如果對方實在無法幫助我們，我們也應該表示理解和接受。

很多人遇到難題和困難後，第一反應就是找別人幫忙，習慣性地讓別人去做。雖然，我們說適當地「求助」別人可以讓彼此的關係更緊密，但如果求助時沒有「底線」，就會成為別人眼中的「麻煩精」和「伸手黨」。而且，一旦養成了事事請別人幫忙的習慣，就會慢慢失去自己獨立解決問題的能力。

還有一部分人做事很衝動隨性，總是顧頭不顧尾，不懂深思熟慮的人，總會留下一堆爛攤子。雖然他們沒有主動麻煩別人，但是別人卻不得不為他收拾爛攤子。試想一下，如果我們身邊也有這樣一位同事或朋友，我們會是什麼感覺呢？恐怕內心一定是崩潰的吧。

還有一些人，把身邊的人際關係視為可利用的「資源」，把依賴別人、麻煩別人當成一種「資源利用」和「資源分配」。人際關係的確是資源，但卻不是可以隨意「透支」的資源，不是大事或者自己做不到的事，就不應該輕易地麻煩別人。人際關係是一種稀缺「資源」，建立人際關係也不是一件容易的事，所以，我們應該珍惜自己的人際關係，不要隨意麻煩別人。

—— 3 ——

要避免令人不悅而不自知，我們在平時的工作和生活中一定要注意幾個方面。

自己能解決的小事就不要讓別人去做

當我們遇到困難時，我們首先應該看看自己能不能解決。

如果是自己能解決的事，我們就不要讓別人去做，我們應該鍛鍊自己解決問題的能力，不要去依賴別人。即使這件事對我們來說有些困難，我們也應該自己試著解決，實在無法解決時再求助別人。

得到了別人的幫助要表示感謝

很多時候，我們令人不悅而不自知，就是因為把自己不當外人，請別人幫忙了還不表示感謝。或者把別人的幫助視為理所當然，不但不感謝別人，還認為這是別人應該做的。要避免令人不悅而不自知，我們就要及時對別人表示感謝。

學會主動解決問題

遇到問題，我們要學會迎難而上，主動解決問題，培養自己獨立自主的能力。要知道，能力強，會解決問題的人一定會有好人緣。當我們習慣了自己解決問題，成為一個獨立性強，能力強的人，別人反而會很樂意幫助我們，因為他知道，我們也有幫助他們的能力，幫助我們就是幫助自己。

🎙 請別人幫忙要看關係深淺

麻煩別人還要看對方與自己的關係深淺，關係不夠就貿然請對方幫忙，就會顯得太唐突。如果和對方關係還不夠親密，就不要請對方幫「大忙」，因為，此時我們對對方來說還沒那麼重要，還不值得他付出時間和精力。就算關係親近的朋友也不能隨意麻煩，再深厚的感情也經不起消耗。

如果不想讓自己在社交中成為孤家寡人，在請別人幫忙時，就要「自知」，不要得到了別人的幫助還心安理得，也不要在不恰當的時候給人添麻煩。要做到心中有數，麻煩有「度」。

精準社交

以人為鑑可以明得失，既然我們自己如此厭惡某一類人，就要時刻提醒自己，不要成為一個令人不悅而不自知的人。

不勉強的關係，最長久

—— 1 ——

「己所不欲，勿施於人」的古訓我們每個人都很熟悉，尊重他人，自己不願意做的事不應該強加給他人，別人不願意做的事也不應該勉強。這不僅是禮貌和修養，也是維護人際關係的重要準則。

但是，總有一些人在與別人相處時，不顧及他人的感受，把自己的想法強加給別人，強迫別人做一些不願意做的事，把彼此的關係弄得很緊張。我們在麻煩別人時，如果別人不願意，也不要勉強。即使對方在我們的要求下，勉強答應了我們，他的心裡也不會很舒服，說不定以後都不願與我們再來往。

小徐是一家公司的出納，她每個月要給公司裡的每位員工發薪資，所以她知道公司裡每個人的薪水是多少。一次，公司銷售部的姜明找到小徐，對她說：「小徐，跟你商量個事，你能不能告訴我，上個月我們部門的張強拿了多少獎金啊！」

小徐說：「不好意思，公司有規定，我不能告訴你，你可以自己去問問張強。」

「張強不願意告訴我，我才來問你的。這麼點小事，你告訴了我也沒關係，我不會告訴別人的。」姜明笑嘻嘻地說。

　　小徐很為難，她說：「不好意思，我真的不能告訴你。」

　　姜明不高興地說：「虧我還把你當朋友，這麼點小事都不願意幫忙！」

　　小徐苦笑著搖了搖頭，她寧願姜明不把她當朋友。

　　與人交往的關鍵就是互相理解、互相支援，小徐出於自己的職業操守不願透露其他同事的薪資情況，但是姜明卻不依不饒，他這麼做只會讓小徐為難。

　　也許有的人會說：「我麻煩對方的都是一些小事啊，對他來說就是舉手之勞，怎麼算勉強呢？」抱著這種想法的人一定不會設身處地地為別人著想，他們沒有想到，每個人都有自己的思想，有自己的難處，身處的位置和環境也不同，看問題的角度自然也不同。有些事在我們看來不值一提，但對別人來說也許就是不容違背的原則問題。所以，我們在與人交往時，不要犯和姜明一樣的錯誤。別人不願意做的事，不能答應的要求，就不要勉強。

—— 2 ——

　　我們要明白，世界上的事不會以我們的意志為轉移，也沒有人能永遠遷就我們。如果我們一直勉強別人，那麼對方即使是傻瓜也會反抗和遠離。更何況，我們的身邊也沒有那麼多傻瓜能隨便「欺負」。如果一個人總是表現得很強勢，不顧他人的

感受，他身邊的人一定會漸漸孤立他，哪怕他是高高在上的主管，也只能獨自領略「高處不勝寒」的滋味了。

我有一個表弟，今年剛剛大學畢業，前不久才進入了一家公司。剛進公司的表弟很想與同事搞好關係，他想從公司的同事開始建立屬於自己的人際關係。怎麼做才能和同事搞好關係呢？他想了一個「好辦法」。

表弟家裡是做茶葉生意的，他本人愛喝茶，對茶有一些研究。於是，表弟就帶了很多茶葉分給同事，本來這是一件皆大歡喜的事，同事們收到表弟送的茶葉應該會很高興，表弟也能趁此機會和同事們拉近距離。

但是，表弟除了送茶葉，還非要拉著同事一起品茶，大談自己對茶葉的見解。同事用表弟送的茶葉泡茶時，表弟大聲糾正：「哎呀，你不應該這樣泡茶，把好茶葉都糟蹋了。」這句話讓同事非常尷尬。

過了幾天，表弟發現他的「茶葉攻勢」好像沒有造成作用，他很不解，問我這是為什麼？我對他說：「你送茶葉沒有錯，想法也很好。但是你不該按自己的想法來勉強同事，有的同事對茶葉不感興趣，不一定想和你一起品茶。再說，怎麼泡茶是別人的事，你不該把自己的想法強加在別人身上。」

聽了我的話以後，表弟恍然大悟。原來，自己認為的「好」，對別人來說不一定「好」，從這件事以後，表弟不再「指

導」同事品茶了，做事也沒有那麼強勢了。與同事的關係也逐漸變得融洽起來。

我們自己喜歡或認為有益的事，別人不一定認同，所以，千萬不要用「為你好」的藉口來勉強別人做事。

—— 3 ——

我們都知道，適度地「麻煩別人」能建立良好關係，能帶來良好人際關係，但是當適度地麻煩變成了勉強，只會讓別人遠離我們，建立人際關係也就無從談起。凡事多為別人考慮，別人不願做的事，不要勉強，只有這樣才能有好人緣。

我們在適度「麻煩」別人時，一定不要勉強對方，要注意下面幾個方面：

尊重對方，不傷對方面子

「麻煩」別人時要注意照顧對方的面子，不要用頤指氣使的態度對待對方，更不要隨意「使喚」別人。有的人在請別人幫忙時表現得十分輕慢，還有的人用強勢的語氣命令別人，這兩種態度都是不可取的。請求對方幫忙時要誠懇，要用商量的語氣，還要尊重對方。

人際關係的建立必須以互相尊重為前提，如果不尊重對方，對方也不會尊重我們。

🗣 別用自己的喜好揣測對方

有些人喜歡用自己的喜好去揣測別人的想法，想當然地以為，自己喜歡的事物，別人也一定會喜歡；自己認為沒什麼大不了的事，別人也一定不會很看重。這些人會把自己的標準拿來要求別人，一旦別人沒有按他的想法去做，就會心生怨氣。

但是，我們必須明白，每個人都有自己的獨特個性，喜好的東西也不一樣，按自己的喜好去揣測別人的想法是行不通的。而且，每個人所處的環境是不同的，為人處世的標準和底線也有所不同，用自己的那一套去要求別人是完全沒有道理的。

🗣 尊重和理解對方的決定

有時候，我們向朋友求助，而這個忙對方的確幫不了，或者不願意幫，我們也要心平氣和地接受，因為人人都有不得已的時候。如果朋友是因為客觀原因無法幫忙，我們不要去怪罪對方，而是要將心比心地理解對方，不要因為這一件事就否定這個朋友。

如果對方是主觀上不願意幫忙，我們也應該尊重對方的決定，也沒有必要與對方反目成仇，因為別人沒有幫助我們的義務。也許雙方的關係有可能會因此變得疏遠，但是沒有必要變成敵人。除此以外，我們還要反思一下，是不是自己的要求太過分，或者平時有什麼地方做得不夠好，得罪了對方。

要想建立強大的人際關係，除了要運用高超的社交技巧以

外，還要做到將心比心。對於別人不願意做的事。不要勉強，要學會正確面對別人的拒絕。我們只有擺正自己的位置，調整自己的心態，理解和尊重別人，才能贏得真誠的友誼。

精準社交

　　自己不願意做的事不應該強加給他人，別人不願意做的事也不應該勉強。這不僅是禮貌和修養，也是維護人脈的重要準則。

第 *4* 章
高情商社交法則 2：
信任 —— 用心社交，用腦做事

相互信任的人，才會互相幫助。

求助也是建立信任的過程，

你來我往之間，

雙方的信任程度會逐漸加深。

雙方要建立互相信任的關係，

總要有一個人先邁出第一步，

與其觀望等待，不如首先展示信任，

占據主動。

社交就是一個建立信任的過程

—— 1 ——

適當地向別人求助，除了能讓雙方關係更緊密以外，還是人與人之間建立信任的重要途徑。因為在互相幫助的過程中，雙方都投入了許多感情和精力，都對這種社交抱著積極而正面的態度。你願意幫我，表示你對我信任；我願意幫你，表示我也信任你，隨著信任的加深，雙方的關係也會越來越好。

人們在互相協作中建立起信任關係，社會分工的大體系也是透過協作和信任建立起來的，我們只有融入其中才能展現自己的價值。社交也是如此，只有透過「互相幫助」與他人產生聯結，互相產生信任，我們才能找到自己的位置，才能享受互助的便利。

如果我們遇事一個人扛，不向別人求助，就很難向別人傳達我們的信任。別人感受不到我們的信任，也不會輕易地相信我們。沒有信任的社交可以說是無效的，因為雙方都害怕對方欺騙自己，不敢與對方坦誠相待，這樣一來，我們身邊所有的朋友都會變成泛泛之交。

如果一個人沒有一個能信任的朋友，他一定會感到萬分的孤獨，心中的情感無處傾訴，重要的事也無人可以託付。所以，我們要學會與他人建立信任，而建立信任，就要從精準社交開始。

—— 2 ——

我們身邊不乏一些信奉「獨善其身」處世哲學的人，他們認為：「我不願意請別人幫助，別人最好也不要請我幫忙。」

然而，他們沒有意識到，在這個分工高度明確、資訊越來越多元化的社會中，沒有人能做到「獨善其身」。我們必須與他人建立聯結，擴展生活的維度，學會信任他人，與他人互助。否則，我們失去的將不僅僅是社交那麼簡單。

我的鄰居老黃，四十幾歲仍然未婚，所做的工作也是無關緊要的，自然薪資也不高。老黃不愛與人交流，一天也說不了幾句話。無論在生活中，還是在工作中，他都是一個相當沒有「存在感」的人。很多時候，沉默寡言的老黃在大家的眼中就是一個「透明人」。

我原以為老黃從年輕的時候就是這麼孤僻，但我從母親的口中得知，老黃年輕時是一個非常有才華、有朝氣的年輕人，絕不是後來暮氣沉沉的樣子。年輕時的老黃是一個文學青年，很愛寫文章，不僅在公司裡是「筆桿子」，還經常在地方報紙上發表文章。

只是，老黃雖然有才華，為人卻很孤傲，他喜歡獨來獨往，遇到任何事都不喜歡請別人幫忙，別人有事求他，他也很少幫忙，同事和主管與他的關係也僅限於工作往來。後來，那個欣賞老黃才華，經常讓他寫文章的主管調走了，而新來的主

管感覺老黃這個讓人摸不透，搞不清他內心的想法，所以不願意把重要的工作交代給他，老黃就這樣坐上了「冷板凳」。

「不求人」是老黃的口頭禪，但是他所信奉的「不求人」，卻讓他失去了主管的信任，以及與他人社交的可能性，變成了一個大家眼中的「透明人」。老黃用他的經歷告訴我們，不願與別人互相幫助，是很難與其他人建立信任的。

—— 3 ——

社交是一個建立信任的過程，但是，如果不講究方法就會適得其反。不當的社交方式不僅不能獲得信任，還會讓別人對我們產生懷疑和防備。要想獲得別人的信任，我們在社交中就要注意以下三點。

🗣 給一個對方了解自己的機會

我們要先給對方一個了解我們的機會。如果沒有了解，又何談信任呢？如果對方和我們不太熟悉，我們就要向對方介紹自己，讓對方先對我們有一個大致的了解。這時，如果我們請對方幫比較大的忙，對方可能不會答應，所以我們可以先請對方幫忙做一些無關緊要的小事。再借由這件小事與對方展開互動，讓對方更深入地了解我們。

如果我們在某次聚會上遇到了不太熟悉的人，彼此寒暄、自我介紹後，可以請他幫一些小忙，如我們上洗手間時，可以請對

方幫忙照看包包等,透過這樣的小事情我們表達對對方的信任。

明確期望和要求

對於已經熟悉的朋友,我們在請求對方幫忙時,要明確自己的要求,這樣對方才能清楚地知道我們要達到的目標。了解了我們的目標以後,假如對方感覺愛莫能助,就有時間提前向我們說明情況,避免不必要的誤會。我們也可以再想別的辦法,不耽誤解決問題。

如果,我們不把自己的期望和要求說清楚,對方幫忙以後沒有達到我們的預期,雙方就會產生誤會。而且,明確我們的要求和期望也是對對方的信任,因為我們相信對方會真心地幫助我們,即使對方做不到,我們也不會因此心懷芥蒂。

坦誠告知對方風險和困難

有時候,別人在幫助我們的過程中,需要承擔一定的風險,克服一定的困難。我們一定要把這些風險和困難坦誠地告知對方,如果對方因此拒絕幫助,我們也應該接受。要知道,我們的不坦誠,很可能會令對方蒙受損失,進而影響雙方的關係。告知對方可能的風險和困難,展現了我們誠實的品格,對方會因此對我們更加信任。

履行自己的承諾

如果我們是請求幫助的一方,不管我們答應了對方什麼,或者承諾會如何幫對方,都應該及時履行自己的承諾。如果

我們是被請求者，既然答應了幫助別人，就應該盡力去做到。除此之外，我們也不應輕易許下諾言，不要承諾自己做不到的事，因為承諾別人以後又失信於人，就是在摧毀雙方的信任。

　　精準社交的第一步就是建立信任，信任是人際關係得以發展的基礎，也是人際關係能夠存續的前提，可以說，沒有信任就沒有良好的人際關係。所以，社交的過程就是建立信任的過程。當然，在社交中建立信任也是要講究方法的，只考慮自己利益的社交，不僅不能建立信任，還會消耗我們自己的個人信用。

精準社交

　　與人交往的第一步就是建立信任，信任是人際關係得以發展的基礎，也是人脈能夠存續的前提條件，可以說，沒有信任就沒有人脈。而信任建立的過程就是人與人之間「互相麻煩」的過程。

信任的本質是愛：先愛對方，才能被愛

— 1 —

社交的第一步就是建立信任，而信任的產生源於人與人之間的交往。那麼，信任應該先從誰開始呢？

每個人都希望別人能先信任自己，所以我們常常陷入這樣一個困境：雙方都等著對方跨出信任的第一步，而機會往往就在這樣的等待中喪失了。如果我們主動一些，先信任別人，說不定就能順利地交到一個好朋友。

先信任別人，就是相信對方的行為是帶著善意的，並用適當的方式向對方表達出這種信任。表達信任能表現出我們對別人的尊重和重視，而這種尊重和重視，可以迅速改善我們和別人的關係，讓他們也信任我們。

如果，我們不能學會信任他人，猜疑和防備就會滋生，也會讓我們無法與別人順利地交往。被猜疑的滋味並不好受，沒有人喜歡和不信任自己的人打交道，更不會與懷疑和防備自己的人長期來往。我們不妨先試著信任別人，讓自己也有機會收穫一份別人的信任。

有人會說，先信任別人是有風險的，的確如此，但我們也應該知道，不信任別人會讓我們損失更多。我們不能因為害怕被欺騙就不去信任別人，就像我們不能因為害怕吃到壞花生，

就永遠不去吃花生，這種因噎廢食的做法是非常不明智的。

我們必須承認，先信任別人是需要勇氣的。我們的社會中，有形形色色的人，其中難免會有一些價值觀極度偏差、道德水準低下、自私自利的人，這些人讓「信任他人」變成了一件有風險的事。但我們要對社會、對他人抱有信心，要相信這樣的人是少數。假如 100 個人中有一個人會損害我們的利益，但還有其他 99 個人是對我們有益的，所以，總體上來說，充分信任他人是對我們有好處的。

— **2** —

也許，有的人曾經因為信任別人而受到過傷害，「一朝被蛇咬，十年怕草繩」的心態讓他們再也不敢輕易信任別人。

但我認為，即使曾經受了傷害，我們依然要繼續信任別人，因為曾經的教訓會讓我們變得更聰明、更強大，能讓我們更好地辨別出誰才是真正值得信任的人。

不信任，是源於未知，我們不敢主動信任別人，是因為我們對對方還不夠了解。這種「未知」會讓我們對人有一種防備心理。如果我們想信任一個人，就要試著去了解他。我們對一個人越了解，就會對他越認同、越信任。

如果我們不能主動信任別人，對別人充滿防備，在自己的內心築起一道牆，那麼我們的心靈也會照不到陽光，慢慢變成

一個多疑、陰暗的人。

最近，我的朋友燕子給我講了一件事，對我很有啟發。

燕子是一個單身獨居的女孩，所以在平時的生活中防備心比較重，很注意自己的隱私和安全。從不告訴一般朋友自己住在哪裡，連坐計程車都不坐到家門口就下車。

一天，燕子加班到很晚，趕不上最後一班捷運，只好搭計程車回家。這次她依舊讓司機先生停在離家不遠的地方，可燕子下車後，司機並沒有走，而是把車停在了原地。燕子的心裡很緊張，她不知道是應該回家，還是要先繞一圈，等這輛計程車開走了再回家。

正在燕子猶豫不決時，計程車的燈突然打開了，司機先生對她揮了揮手，大聲喊道：「路上沒人不安全，我給你照著，快回家吧！」。燕子這才明白，原來司機先生是想為她照亮。燕子走進社區大門以後，司機先生才把車開走。

陌生人的舉動，讓燕子的內心感到無限溫暖，她也開始反思自己，是不是把別人想得太壞了。燕子對我說：「我好像不容易相信別人了，對誰都充滿懷疑，其實，在這個世界上還是好人多。」

我說：「是的，我們要學會相信別人，因為壞人畢竟是少數。但是，信任不應該是盲目的。在相信別人之前，我們要先學會觀察和了解對方。」

—— 3 ——

那麼，我們應該怎樣觀察和了解別人呢？我總結了以下幾個方面以供大家參考，但是在實際生活中，我們還要結合自己的生活經驗靈活變通。

● 觀察對方的穿衣打扮

穿衣打扮能在一定程度上反映一個人的修養，如果一個人穿著整潔，把自己打理得乾乾淨淨，他一定對自己的形象比較在意，也具備一定的修養。但是，「只認衣冠不認人」的做法也是錯誤的，因為有時候外表具有一定的欺騙性，我們還要觀察對方的其他方面。

● 觀察對方身邊的朋友

物以類聚，人以群分。一個人身邊的朋友能反映他的格調和層次。文化修養較高的人身邊一定是「往來無白丁，談笑有鴻儒。」而地痞流氓身邊肯定圍繞著一群狐朋狗友。所以，透過觀察對方身邊的朋友，我們可以看他比較真實的一面。

● 觀察對方對待財富的方式

一個人對待財富的方式，能在一定程度上反映他的內心世界。如果對方揮金如土，那麼我們基本可以判斷他很富有，也很奢侈，對錢不是很在乎。如果對方比較節儉，他有可能經濟比較拮据，或者對金錢的態度比較理性。如果一個人很小氣，表示他很在乎錢，也比較吝嗇。

🍂 觀察對方與異性相處的方式

如果對方是男性，我們尤其要觀察他是如何與異性相處的。如果他對女性很尊重，也能把握異性交往的分寸，代表他是一個很有修養，對自己有一定要求的人。如果對方對待女性態度輕佻，或者不尊重，那麼我們就要考慮對方是否值得信任了。

🍂 與對方進行簡短交流

我們可以與對方進行簡短交流，觀察一下對方的邏輯思維能力和語言能力。有的人幾句話就能把事情說清楚，而有的人說一籮筐也讓人聽不明白。除此之外，我們還可以借某件事來試探對方，對一件事的看法可以反映一個人的價值觀和人生態度，以及與我們是否有共同點。

以上的方法只是一個參考，並不是絕對有用的，因為要真正了解一個人的性格和思想，必須經過長期的觀察和接觸。這幾種方法只是幫我們做出一個初步判斷。而對一個人的信任，也不是一天就能夠建立的。很多時候，我們需要表達的是一種願意信任的態度，當我們表明態度，走出第一步之後，就可以在與對方交往過程中，進一步地觀察和了解對方。

其實，信任別人也是信任自己，信任自己看人的眼光，信任自己對社交的掌控力，信任自己能獲得別人的信任。如果我們連自己都不相信，那還有什麼人是值得信任的呢？我們要相

信自己的能力，相信就算失敗，就算看錯了人，也不會有什麼大不了的事情。如果我們有了這樣強大的心理，又怎麼會不敢先信任別人呢？

精準社交

先信任別人，就是相信對方的行為是帶著善意的，並用適當的方式向對方表達出這種信任。表達信任能表現出我們對別人的尊重和重視，而這種尊重和重視，可以迅速改善我們和別人之間的關係，讓對方也信任我們。

面對面溝通更有效

— 1 —

當今社會已經進入了行動網路的時代，手機已經成了我們的主要連繫工具，大家面對面交流的機會變得越來越少。身邊很多朋友幾乎不再面對面交流，漸漸變得越來越疏遠，成了「點讚之交」。

隨著技術的不斷進步，「面對面」的溝通方式受到了巨大的衝擊，這種溝通方式看起來已經過時了。但面對面的交流仍然是最有效的溝通方式，雖然我們能借助各種高科技工具、各種媒介與其他人進行溝通，我們甚至可以在家裡與地球另一端的人交朋友，但是，面對面交流仍然是不可取代的。

這是因為肢體語言在溝通中占據了重要的地位，科學家研究證明，在人與人溝通的過程中，只有 7% 的溝通內容是透過口頭語言或書面語言傳達的，高達 93% 的資訊是透過肢體語言傳達的，只有透過面對面的交流我們才能接受彼此的肢體語言。

當我們進行電話溝通，或者線上溝通時，我們無法準確判斷出對方話中包含的情緒和態度，也很難與對方產生共鳴。這種現象造成了一個巨大的矛盾，一方面，互相連繫變得非常容易，動動手指就可以；另一方面，人們的關係卻變得比以前任

何時代都疏離。

　　我在網路上讀到過這樣一個故事：

　　美國青年馬克在瀏覽自己的 Facebook 主頁時，發現自己母親的名字出現在了「推薦好友」一欄。當他點開母親的主頁，看到母親的照片時，才發現自己已經快兩年沒有和母親說過話了。自從五年前離開家以後，馬克和父母的關係越來越疏遠。他平時很少主動連繫父母，而父母怕打擾他也只能透過姐姐來了解他的生活和近況。

　　本來應該關係很親密的母親，卻變成了社交網站的推薦好友，馬克感到十分諷刺，同時他也發現，沒有了面對面的交流，他和家人的距離已經變得越來越遠。於是，馬克決定暫時放下手機，放下電腦，親自回家看看自己的父母。

　　馬克的故事雖然很少見，但是也真實地反映了由於缺少面對面交流，人們的關係變得越來越疏遠。

—— 2 ——

　　缺乏面對面的溝通，不僅會讓人與人之間的感情變得疏離，還會影響人與人之間的信任建立。電話溝通和線上溝通追求頻率和速度，它們讓人與人之間的溝通變得淺顯，用簡單的快問快答取代了經過深思熟慮的深度交流。然而，沒有深度的溝通和了解，我們又要如何建立信任呢？

　　沒有面對面的交流，肢體語言和交流情境的缺失讓我們只能透過簡略的語言、抽象的符號來判斷對方的態度和意思，也許我們得出的結論並不是對方想表達的。比如，對方發來的「？」究竟表達的是疑問還是憤怒？「哦」是代表對方已經明白了，還是不想再跟我們說話了？這種交流中的「誤差」也為建立信任增加了難度。

　　更值得注意的是，行動網路技術的高度發達，讓我們進入了「永久線上」狀態，我們害怕錯過幾千公里外的朋友發來的訊息，忙著為別人點讚，生怕錯過了社群動態的一條評論。在這樣的焦慮中，我們每隔五分鐘就要拿起手機看一下，即使在與朋友面對面交談時也不例外。雖然「永久線上」已經成為了當今時代的一種必然，但這種狀態勢必會影響我們與朋友之間的關係。「永久線上」讓連繫變得容易，卻讓信任變得困難。

　　放下手機，面對面真誠地交流難道不是更好嗎？透過面對面的交流，我們能對別人有更深入的了解，能準確地知道他的喜好，還能根據對方的言行舉止判斷對方是否值得我們信任。

　　對對方來說，同樣如此，和我們見面之後，他才能判斷我們是什麼樣的人，能否和我們繼續交往下去。

　　對親密的朋友和家人，面對面的交流更是必不可少。透過面對面的交流，我們能更好地了解家人的近況，分享彼此的喜怒哀樂。面對面的交流能更好地表達我們的情感，傳達我們的情緒，這有助於加深我們和朋友之間的感情和信任。

所以，讓我們暫時放下手機，和朋友、家人來一次面對面的交流吧！

—— 3 ——

那麼，我們在與別人進行面對面交流時，應該怎樣做才能達到良好的交流效果呢？下面這幾個要點是我們應該注意的：

🗣 創造融洽的交流氛圍

當我們與別人一對一交流時，應該創造一個融洽的交流氛圍。缺乏熱情或充滿敵意的氛圍是不能達到很好的交流效果的。我們要有誠意，還要展示出自己的修養，讓對方放鬆地與我們交流。融洽的氛圍能讓情感自然地流露，讓雙方情感交流更加充分。

🗣 激發對方溝通的慾望

交流溝通是一種雙向活動，必須有來有往，如果對方沒有溝通慾望，面對面交流就會陷入尷尬的僵局。所以，我們在與對方交流時要注意掌握分寸感和自己的態度，不要讓對方有心理壓力，還要注意自己的語氣和措辭，不要招致對方的反感。

這樣對方才會願意和我們交流和溝通。

🗣 真誠地與對方溝通

我們在和對方面對面交流和溝通時，應該真誠、坦率，不要弄虛作假、言不由衷，更不要阿諛奉承，只有真誠的態度

才能贏得對方的信任。如果我們是強勢的一方，也不要居高臨下、以勢壓人，這樣只會把對方越推越遠。

🗣 表現出對交流的興趣和熱情

如果我們對對方的話不予回應，或者表現出不感興趣的態度，對方就會失去與我們交流下去的慾望。所以，我們在與別人面對面交流時，要給對方積極而適當的回饋。還要加入一些肢體語言，比如點頭、微笑等，還可以加入適當的感嘆詞，來表達自己繼續傾聽的興趣和希望對方說下去的願望。

🗣 掌握評論的分寸

在評論別人的話時，我們一定要掌握分寸，不要用批評和指責的態度來評論對方的言行。就算我們要表達自己的意見，或者要勸阻對方，也應該用建議的形式來提出，不要讓對方下不來臺。沒有分寸地評論對方，一定會讓對方產生牴觸情緒。

🗣 要克制自己的情緒，避免衝動

面對面交流時，由於情感表達得比較直接，就有可能會造成誤會，會引起衝動，這種情況下，雙方的情緒都很容易激動。所以，我們要克制自己的情緒，避免衝動，不要一激動就和對方爭執起來，或者自己滔滔不絕，不給對方說話的機會。

如果不能克制自己的情緒，面對面交流很有可能變成衝突，讓雙方產生隔閡，甚至不願再跟對方交流。而且，雙方的關係一旦產生了裂痕，信任就更難建立了。

🎙 利用一切機會與對方面對面交流

面對面交流分為正式交流和非正式交流，前者一般是公開的交流，後者一般是私下交流。私下交流更利於雙方建立信任，因為私下裡我們會和別人談一些比較私人的話題，或者交換一些無傷大雅的小祕密，這樣的交流能迅速拉近彼此的距離。

所以，我們應該利用一切機會與對方進行面對面交流，特別是進行一些私人的、非正式的溝通。比如約對方出來喝茶，或者邀請朋友們出來小聚，或者在公共場合碰面時，找機會與對方進行私人的溝通。非正式溝通能讓雙方的交流更深入，而雙方了解對方越深，越容易對對方產生信任。

建立信任的最好辦法就是面對面溝通，只有面對面溝通才能準確傳達我們的情感，表達我們的態度，讓對方更了解我們，只有了解能產生信任。克服時間與空間的距離，與朋友進行一次面對面的交流，難道不比隔著手機交流更真誠嗎？

精準社交

電話溝通和線上溝通追求頻率和速度，它們讓人與人之間的溝通變得淺顯，用簡單的快問快答取代了經過深思熟慮的深度交流。然而，沒有深度的溝通和了解，我們又要如何建立信任呢？

信任不在於說，而在於做

—— 1 ——

當你看到警察、醫生、消防員或西裝筆挺的會計師或律師時會有什麼感覺呢？我想大多數人都會不由自主地對這些人產生信任感。這是為什麼呢？原因很簡單，那就是這些人都給我們同一個印象 —— 專業。

這就是職業素養帶來的信任感，其實，不只是上面提到的這些專業性較強的工作，任何一種職業都可以透過較高的職業素養來贏得別人的信任。那些有較高職業素養的人往往會給人專業、可靠、負責任、守承諾的印象，別人自然會對他們產生信任。

無論我們在哪個產業工作，在什麼職位工作，都要努力提高自己的職業素養，讓別人自然而然地產生信任，這對我們的工作和生活都是有好處的。工作上我們能得到主管和客戶的信任，讓自己的事業更成功。在生活上，我們會成為一個可靠的朋友，深受大家的喜愛和信任。

要提高自己的職業素養，我們首先要弄清楚什麼是職業素養。《職業素養》一書中給出的定義是：「職業素養是人類在社會活動中需要遵守的行為規範，是職業內在的要求，是一個人

在職業過程中表現出來的綜合品質。職業素養具體量化表現為職商，展現一個社會人在職場中成功的素養及智慧。」

職業素養涵蓋的內容非常廣泛，它是個體行為的總和，表現為內化素養和外化素養。內化素養包括我們每個人的世界觀、價值觀、人生觀，涉及職業道德、職業操守和敬業精神等內容，外化素養指專業技能，比如電腦、英語、財會等技能，外化技能可以透過學習和培訓獲得，並可以透過實踐和運用不斷精進。

職業素養的提高和修練需要經歷不斷地磨鍊，職業素養要求我們在自己的職位上盡量把工作做到最好，要求我們遵守職業道德和職業操守，有敬業精神。職業素養是衡量一個人職場成熟度的唯一標準。

— 2 —

提升職業素養對我們每個人都有著十分重要的意義，缺乏職業素養的人很難在工作上取得突出的成績，也很難贏得同事、主管和客戶的信任。對企業來說，具有職業素養的員工才能幫助企業實現生存和發展，他們能幫企業提高效率、節約成本，是值得企業信任和重用的員工。

而缺乏職業素養的人，會給人「不可靠」的印象，有什麼重要的事大家都不會託付給他，也不會很信任這個人。

我有一個學妹，她大學畢業後從事的是財務工作，但是僅僅一年多的時間，學妹就換了四份工作。她之所以頻頻跳槽就是因為工作上經常出錯，導致她經常被扣薪資，而且無法通過公司的試用期。

財務工作要求細緻和嚴謹，而學妹的職業素養不足，導致她在哪個公司都待不長。現在，她已經畢業兩年了，卻仍然沒有找到一份穩定的工作。因為，學妹之前的履歷讓她應徵的每家公司都對她不信任，公司對她的考核總是特別嚴格，生怕她在工作中出錯，懷疑她無法勝任工作。身邊的朋友和家人一提起學妹，都會說她是個「不可靠」的人。

職業素養不僅能反映一個人的專業能力，還可以展現這個人是否有責任心，像學妹這樣職業素養不高的人，當然很難得到別人的信任。

—— 3 ——

一個合格的職場人士應該具備以下幾點職業素養：

有良好的禮儀

外在形象也能反映一個人的職業素養，工作場合中，我們應該做到衣著得體、舉止得體、談吐文明禮貌，良好的禮儀能幫助我們展現專業形象。外在形象是我們留給別人的第一印象，而第一印象的作用是超乎我們想像的。

🐾 重視時間觀念

沒有時間觀念的人會讓人產生不信任感，在工作中我們要注意遵守上班時間、會議時間、工作進度時間和與客戶約定的時間。守時的人一般來說都會比較信守承諾，別人也更願意信任這樣的人。

🐾 有明確的角色認知

每個職場人士都應該對自己的角色有明確的認知，要正確了解自己的職位職責，並負起自己應該負的責任。在自己的職位上要做好自己的本職工作，不折不扣地執行公司或者上級交代的工作任務。

🐾 懂得有效溝通

職業素養中還包括了溝通能力，無論與上司溝通或與下屬溝通都應該採用合適的方式。對下屬要懂得傾聽，對待上司要懂得回饋，對待同事要注意自己的態度。同時我們還要學習和掌握一定的溝通技巧，讓自己的工作開展得更順利。

🐾 懂得控制情緒

工作中要對事不對人，把工作和生活分開，不把生活中的情緒帶到工作中來，不把私人恩怨摻雜到工作裡，同時也不要讓工作壓力影響自己的生活品質。懂得控制自己情緒的人，才能成為一個有專業精神的職業人。

🧠 有強烈的成本和效率意識

我們要在工作中時刻想著提高效率和節約成本，學會抓住重點，達到效益最大化，做任何事都講求效率。只要做到這兩點，就不難得到上司和領導的信任。

🧠 有職業道德

我們在注意個人職業形象的同時，也要注意維護公司聲譽、產業聲譽。把「規規矩矩做事，堂堂正正做人」當成自己的座右銘，杜絕「職業腐敗」行為，不做有違職業道德、損害公司利益的行為。職業道德也能反應一個人的人品和個人道德，恪守職業道德的人一般都是懂得守住底線的人，一個有底線的人也是值得別人信任的人。

良好的職業素養讓我們在工作上取得成績，在人際關係上也可以贏得更多信任。專業上的能力和信譽也能讓我們獲得更多人際關係。

精準社交

那些有較高職業素養的人往往會給人專業、可靠、負責任、守承諾的印象，別人自然會對他們產生信任。

用誠信贏得別人的信任

—— 1 ——

有句古話叫做「人無信而不立」，誠信是一個人的立身之本，是建立人際關係的關鍵，是我們在人生道路上必須踐行的準則。「誠」就是誠實、真誠，「信」就是言而有信、恪守承諾。如果我們做人不真誠，就無法得到別人的信任；如果我們做事不信守承諾，就會讓別人遠離我們。

浩如煙海的歷史古籍中有無數讚美誠信的故事，這些故事告訴我們，只有做人講誠信才能獲得尊重，贏得成功的機會。

燕昭王千金買馬骨、季布一諾千金、宋濂雪夜赴約的故事無不是說明了這個簡單而深刻的道理。

時代在發展、社會在進步，但追求誠信的精神卻從來沒有改變過，而且現代商業社會對誠信，對契約精神更加看重。海爾集團董事長張瑞敏用當眾砸冰箱的舉動改變了員工們的品質觀念，也為企業贏得了美譽。

當時，海爾從德國引進了一條世界一流的冰箱生產線，但是生產線投入使用一年後，有顧客反應海爾冰箱存在品質問題。海爾公司針對這一情況，對全廠冰箱進行了一次徹底的檢查，在檢查中發現庫存的七十六臺冰箱外觀存在刮痕。雖然這些冰箱的製冷功能完全正常，但張瑞敏決定當眾銷毀這批冰

箱，並提出「有缺陷的產品就是不合格產品」。

張瑞敏的做法，在當時的社會上引起了一片震動，因為他的做法不僅代表品牌的品質意識已經覺醒，同時展現了現代企業誠實守信的精神。海爾集團能發展至今，一定和它的誠信精神是分不開的。

無論對企業來說，還是對我們個人來說，誠信都是一種必須具備的品質。講誠信的人都有一種隱形的磁場，會把周圍的人吸引到身邊，慢慢地，朋友就會越來越多，人際關係也會越來越廣。

—— 2 ——

我們在與人交往時，要認真對待自己的每一個承諾，不能因為疏忽大意而失信於人。人與人之間如果沒有信任，就不會成為能夠互惠互利的好朋友。如果我們經常不守承諾、做人做事不講誠信，就會成為〈狼來了〉故事中的那個孩子，在真正需要幫助的時候，也沒有人相信我們，更別說對我們伸出援手了。

曾擔任黑石集團總經理，被稱為「併購天王」的郭明鑑在接受記者訪問時，記者問他：「您認為專業能力和人際關係哪個更重要？」郭明鑑回答：「沒有專業的話，人際關係就是空的。但是在專業裡，有一條是最難的，就是信任，這也是人際關係的基礎。」

　　信任是人際關係的基礎，而誠信則是信任的基礎。只有保持誠信才能不斷提高自己的信用度，所以，我們必須說到做到，言而有信，只有這樣才能贏得信任，獲得更多的人生機遇。如果一個人放棄了誠信，就是與所有的人背道而馳，最終只會落得一個眾叛親離的下場。所以我們一定要明白什麼話不能說、什麼事不能做、什麼錢不能拿。

　　誠信也是我們自己對自己的要求，有些情況下，我們即使違背了誠信也不會有人知道。不過，有句古話說得好：「修合無人見，存心有天知。」雖然別人不知道，但我們自己知道，而且紙是包不住火的，如果做了違背誠信和良心的事，終究會有東窗事發的那一天。與其提心吊膽，不如誠信地做人做事，用誠信來贏得別人的信任和欣賞。

— **3** —

　　要想以誠信贏得信任，我們就要注意自己平時的一言一行，在日常生活的點滴中做到誠信。只有足夠了解我們，別人才會對我們付出信任，所以獲取信任靠的是平時生活中的點滴累積。如果我們要塑造自己誠信的形象，就要時刻注意以下幾點：

🗣 信守承諾、重視承諾

　　信守承諾包括兩個方面：第一個方面是言出必行，信守承諾的基礎就是說到做到，哪怕再小的事也要言出必行。第二個

方面就是重視自己的諾言，我們許下的諾言不僅對我們自己來說很重要，對對方來說也許更重要。所以我們一定要重視自己的承諾，不要輕易地許下諾言，如果說了不能做到，那還不如不說。對於自己許下的諾言，不要輕易選擇放棄，即使這件事做起來十分困難，因為我們的放棄一定會令對方十分失望。

保持真誠、敞開心扉

要想贏得良好人際關係，我們就要在與人打交道時保持真誠。首先，我們不能欺騙別人。千萬不要小看謊言的力量，要知道一個謊言就能讓我們的個人信用破產，一次欺騙就有可能給彼此的關係造成永久的裂痕。

其次，我們要適時地與對方分享自己內心的感受，說說自己的真實想法，這種坦誠的態度可以讓對方對我們更加信任。

而且，坦誠的態度是相互的，我們對對方坦誠，對方同樣會對我們坦誠。

坦誠地與對方交流，不要隱瞞

我們在和對方就某事進行交流時，一定要坦誠，不要隱瞞。有時候我們為了保全自己，會對事情的真相進行「美化」和「變形」。雖然這種行為不是欺騙，但是它和欺騙一樣，會破壞彼此的信任。

🐦 學會保守祕密、杜絕謠言

只有謹言慎行的人才是值得信任的，因為他們不會傳播謠言，也不會隨便洩露別人的祕密。別人告訴我們自己的祕密是對我們的信任，我們不應該辜負這份信任，而且我們也有為別人保守祕密的義務。

同時，也不做謠言的傳播者，傳播謠言是一種不謹慎的行為，會破壞我們謹慎誠信的形象。任何未經確認的訊息，我們都不應該主動去傳播。

🐦 展現良好的道德水準

良好的道德水準能讓別人對我們更有信心。哪怕我們沒有高超的社交技巧，但良好的道德品格和誠信做人的態度，也能為我們贏得別人的尊重。一個道德水準低下的人是不可能做到誠信的，也不可能會對別人負責。所以，我們在平時的生活中要嚴格要求自己，做一個堂堂正正的人。

誠信是每個人立足社會的無形資本，在當今社會中，講誠信更是每個人都應該具備的理念，因為誠信關乎我們的人際關係。要不斷擴大自己的人際關係，就要得到別人的信任，而能取得別人信任的只有 —— 誠信。一個不誠信的人，是永遠都不會有朋友的。

精準社交

　　誠信是每個人立足社會的無形資本，在當今社會中，講誠信更是每個人都應該具備的理念，因為誠信關乎我們的人脈。要不斷擴大自己的人脈，就要得到別人的信任，而能取得別人信任的只有——誠信。

第 5 章
高情商社交法則 3：
智慧 —— 讓智商為社交服務

請別人幫忙也是要分對象的，
要請那些能讓我們「增值」的人幫助。
因為，你想讓自己變得優秀，
就要認識那些優秀的人，
學習他們身上的長處，
總結他們成功的經驗。
最重要的是，你要藉助這些優秀的人，
走上更廣闊的舞臺，
為自己捕獲更多的機遇。

社交要自我設限

—— 1 ——

我們常常在報紙、雜誌或者網路上讀到許多關於「股神」巴菲特的故事，都對他獨到的眼光和價值理念，以及近乎不敗的投資經歷欽佩不已。其實，除了投資天賦以外，巴菲特還有主動尋「貴」的精神，這是巴菲特的過人之處。

主動尋「貴」就是主動尋找和結交對自己有幫助的人，也就是給自己的社交設限。有的人不管什麼人都去結交，結果在社交上花費了大量的時間，卻對自己的人生毫無益處。巴菲特從來不在對自己毫無益處的社交上耗費很多時間，他的社交對象都是對他的發展有助益的人。

他原本在賓州大學攻讀財務和商業管理專業，但當他得知著名的證券分析師班傑明・葛拉漢（Benjamin Graham）和戴維・多德在哥倫比亞商學院任教後，就輾轉來到哥倫比亞大學，成為「金融教父」班傑明・葛拉漢的得意門生。

大學畢業後，為了繼續跟隨葛拉漢學習金融和投資，巴菲特甚至願意不要報酬，當對方的助手，直到學完老師的全部投資精髓，巴菲特才開始創辦自己的公司。

主動結交對自己有幫助的「貴人」，是很多成功人士的共同

特點。他們懂得借力，並且不害怕遭遇拒絕，能夠抓住機會讓自己得到「貴人」的賞識和提攜。許多成功企業家同樣有主動尋「貴」的精神。

2003 年，分眾傳媒成立之初，創始人江南春傾其所有在某高級辦公室裡安裝了價值 2,000 萬的液晶螢幕，他期待著廣告客戶能青睞這種新的廣告形式，但是他卻沒有獲得預期中的客戶。

就在江南春頂著巨大的壓力，每天都在賠錢時，與分眾傳媒在同一層辦公室的軟銀上海代表處首席代表余蔚卻注意到了他。江南春很珍惜這次來之不易的機會，與余蔚進行了一次深入的交談。

一週之後，余蔚投給了江南春第一筆風險投資 50 萬美元，這筆錢雖然與分眾傳媒日後幾千萬美元的融資相比顯得微不足道，但卻幫助江南春度過了最初的困境。很多人都覺得，江南春能獲得余蔚的投資，是因為他交了好運。

但是，余蔚之所以願意給江南春投資，是因為他很早以前就發現，江南春是一個非常勤奮的年輕人，工作起來廢寢忘食，經常從早上八點工作到晚上十二點，平時幾乎沒有休息日。

余蔚每次在電梯裡碰到江南春時，他的手裡總是拿著筆記本和計畫書。

余蔚從江南春身上看到了潛力，他這個年輕人是值得幫助的。所以，他願意給剛剛開始自己事業的江南春投資，願意成

為他的「貴人」。

　　要想得到「貴人」的幫助，除了要有主動尋「貴」的精神，我們本身還要具備值得別人幫助的特質。

── 2 ──

　　主動尋「貴」的精神能幫助我們在通往成功的路上走得更遠，在尋找「貴人」的同時，我們應該努力提升自己的綜合實力，讓自己值得「貴人」的幫助。具備了一定潛質後，我們在接觸和尋找「貴人」的過程中要注意以下兩個原則：

🗣 放下自卑，主動出擊

　　有的人覺得自己不夠優秀，不好意思甚至害怕與更優秀的人交往。其實優秀的人，無論他們是知識淵博的學者，還是事業有成的商人……都不會一上來就拒絕對自己主動示好的人。

　　就算我們再普通，但只要禮儀周到、不卑不亢，有獨立的人格，有自己的優點，那些優秀的人也會願意與我們結交。那些十分優秀或身處高位的人比一般人更需要真誠的友誼，因為他們的身邊一定圍繞著一大批諂媚討好的人。所以，我們在與「貴人」交往時不必諂媚，也不必刻意討好，只要真誠地尊重和認可對方就可以了。

　　與「貴人」結交時我們要主動一些，因為對方一般不會主動地來認識我們，除非我們擁有非常突出的才能。我們也不需

要過於自卑，因為我們是在結交朋友，而不是在巴結對方，如果對方暫時沒有與我們交往的想法，我們也不必因此而感到沮喪，因為說不定我們已經給對方留下了深刻的印象。

積極參與社交

如果我們每天都只願意待在自己熟悉的環境裡，不願意走出去，那麼我們就不可能認識更優秀的人，也不可能遇到我們的「貴人」。只有想辦法拓寬自己的社交管道，積極參與各種社交活動，我們才有更多機會去認識那些可以幫助和提攜我們的人。

面對一些新面孔，我們每個人都會有些緊張和忐忑不安，初來乍到的我們不知道如何融入新的圈子，總覺得自己很不起眼，這些感受都是正常的。在陌生的環境中我們都會產生「不舒適感」，但是這種「不舒適感」是我們必須經歷的。只要打起精神，克服恐懼和「不舒適感」，我們就一定能在各種社交活動中為自己找到機遇，結交一些比自己更優秀的人，從而有助於自己的發展。

主動尋找「貴人」，並努力讓自己具備打動「貴人」的潛質，只要做到這些我們就離成功不遠了。

精準社交

　　主動結交對自己有幫助的「貴人」，是很多成功人士的共同特點，他們懂得借力，也不懼怕挫折和拒絕，抓住機會讓自己得到「貴人」的賞識和提攜。

從優秀到卓越，你需要結交更優秀的人

— 1 —

我在網路上經常看到有人討論「窮人思維」和「富人思維」。所謂的「窮人思維」有一個重要表現，就是「窮人」只願意與條件和自己差不多的人交往，排斥和比自己優秀的人交往，所以他們的朋友都是「窮人」。

而擁有「富人思維」的人喜歡結交那些比自己優秀、對自己有幫助、能提升自己能力的朋友。他們在結交朋友時，從來不會按照個人的喜好去結交。在他們的眼中，只要對自己有幫助，而且能力在自己之上的人，都是值得自己去結交的人。

因為，他們知道，要想讓自己變得更優秀，就要結交比自己更優秀的人。

從那些優秀的人身上，我們可以學到更多成功的祕密，也能從他們那裡獲得一些有利於自己成長的機會。

方芳是一名普通的辦公室文書，她來自一個普通的受薪家庭，平時不怎麼愛結交朋友。為數不多的幾個朋友，也都和方芳一樣，做著一份普通的工作，每天為了生活而奔波。方芳時常想，為什麼她的朋友中沒有什麼優秀的人，都和她一樣，只能做一個普通的員工呢？

　　田莉和方芳在同一家公司上班，擔任經理助理。她不僅工作能力強，人際關係廣，還有許多非常賺錢的商業管道。田莉生長在一個富裕的家庭中，她周圍的朋友和同學都是各有專長的社會菁英。可以說，田莉和方芳根本不是同個世界的人，不僅在工作業績上有著天壤之別，就連身邊的朋友圈子也截然不同。

　　因為剛進公司不久，方芳不知道怎麼與不同背景、不同能力的人打交道，所以跟同事們的關係比較疏遠。一次，方芳參加了公司舉辦的職業能力提升培訓，透過這次培訓她才知道，原來自己一直這樣「平淡無奇」，與自己結交的朋友有很大關係。

　　方芳回家後仔細分析了一下自己的情況，她想起平時自己和閨密姐妹在一起時，不是聊八卦就是抱怨自己的生活不順。而且，自己的這群朋友有一個共同點，那就是遇到一點事就會沮喪和抱怨。當朋友中有人遇到了什麼麻煩，彼此也沒有能力幫助對方。

　　想通了以後，方芳開始有意識地結交一些比自己優秀的朋友，她開始積極地和公司裡的同事們打交道，同時有意識地在工作上和田莉多連繫，慢慢地，她和田莉建立了比較好的私人關係，還透過田莉認識了許多專業人士和優秀人才，在這些「貴人」的幫助下方芳的事業也開啟了新局面。

—— 2 ——

朋友之間的相互影響，往往能造成潛移默化的作用。在胸懷大志的朋友的影響下，我們也會產生做一番大事業的想法。

而且，優秀的朋友也會成為我們發展道路上的助力，有了這些優秀的朋友，我們能看得更遠，爬得更高。

如果，我們身邊的朋友都是安於現狀、不思進取的朋友，我們也會慢慢被同化，心中的理想和志向也會淹沒在庸庸碌碌的生活中。如果身邊沒有優秀的朋友，我們會喪失奮鬥的動力，看不見更廣闊的世界，也得不到更好的機遇。

也許，有的人會說，交朋友不應該戴著有色眼鏡，要對所有的朋友一視同仁，把身邊的朋友分為「三六九等」的做法不對。其實不然，如果我們只結交一些和我們一樣，甚至不如我們的朋友，他們有困難時，我們不能幫助他們；我們有困難時，他們也不能幫助我們。身邊的人不能相互提攜，我們也不會有良好的發展。

俗話說：「近朱者赤，近墨者黑」，我們身邊的朋友和周圍的生活環境，都會對我們產生巨大的影響。身邊有沒有奮發向上的環境，有沒有優秀的朋友，都關係著我們的發展和成就。

所以，我們如果想變得更優秀，就要站到「比我們高」的人身邊，就要結交比我們優秀的朋友。

—— 3 ——

那麼，我們應該如何結交比自己優秀的人呢？我認為應該做到以下幾點：

努力讓自己變得更加優秀

要結交優秀的朋友，我們就要努力讓自己也變得更加優秀，讓對方發現我們的亮點。每個人都希望自己的朋友有能力、有前途，也希望朋友能給自己帶來一些益處，所以我們要努力讓自己有一些值得別人結交的優點，或者想辦法讓別人看到我們的潛力。只有這樣，我們才能得到那些優秀的人的青睞。

懂得發現別人的優點

每個人都有自己的優點和缺點，我們要善於發現別人的優點，以及別人成功的要素，並從中學習。而且，有些朋友身上的優點和缺點非常明顯，對於這樣的人，我們要學會一分為二地看問題，從對方的缺點中吸取教訓，從對方的優點中學到東西。有些看起來普通的朋友身上也有一些亮點，我們同樣要向對方學習。總之，只要是優點，只要是優秀的品格，都值得我們學習。

堅持學習

要跟優秀的人做朋友，我們就要堅持學習，如果不學習的話，我們就會跟不上朋友的腳步，我們和朋友的水準相差得越

多，彼此的距離就會越來越遠，關係就很難維持下去了。優秀的朋友讓我們開闊了眼界，為我們提供了更廣闊的平臺，我們更要抓住機會，堅持學習，讓自己變得和朋友一樣優秀。

　　想讓自己看得更遠，就要站得更高；想讓自己有更多機遇，就要站上更廣闊的平臺；想讓自己變得更優秀，就要和優秀的人做朋友。優秀朋友身上散發的氣場，能讓我們發生潛移默化的改變。優秀的朋友，可以引領我們前進和上升。

精準社交

　　想讓自己看得更遠，就要站得更高；想讓自己有更多機遇，就要站上更廣闊的平臺；想讓自己變得更優秀，就要和優秀的人做朋友。優秀朋友身上散發的氣場，能讓我們發生潛移默化的改變。優秀的朋友，可以引領我們前進和上升。

用認知辨人，用修養做事

—— 1 ——

　　在工作中，要想自己的業務開展得順利，就要廣交朋友。這裡所說的「朋友」就是那些和我的業務有關的人。我們在日常工作中，會遇到很多與自己業務相關的人。我們與這些人大多是點頭之交，甚至連他們的名字都不知道，彼此見面後，說的也不過是與業務相關的寥寥數語，並沒有深入的交談。

　　例如，我們到某棟大廈去接洽業務時，經常遇到的那位櫃檯；或者到倉庫提貨時，經常碰面的那位管理員；又或者是到銀行辦事時，經常打交道的那位銀行行員等等諸如此類的人物，我們既不知道他們的姓名，也不知道他們是從何而來。但是，他們或多或少地都與我們的業務有關係，我們應該用怎樣的態度來對待這些人呢？這是一個很實際也很微妙的問題，對有些人來說這也是一個難題。

　　我們應該把他當作「一個機器中的零件」，還是要把他們當作和自己一樣的普通人呢？我們對他們的態度應該是盛氣凌人、頤指氣使，還是謙恭有禮、平等對待，並把他們當作自己的同事或朋友呢？

　　很多人為謀生，做著既辛苦又枯燥繁重的工作，而且待遇

很差。他們在日常的工作中，經常因為受累受氣，而感到心煩意亂。如果我們對他們居高臨下，或者不理不睬，那他們自然也不會對我們有什麼好感，在辦事時，也不會給我們「行方便」。也就是說，如果我們對這些與自己業務相關的人態度惡劣，就有可能會在辦事時碰壁。

如果我們把他們當成朋友，對他們顯出尊重和關懷，他們也會對我們充滿好感。即使對方不認識我們，但依然會對我們有很好的印象。一看見我們的面容，一聽到我們的聲音就會從心裡感到高興，在我們麻煩對方幫忙辦事時，對方一定會欣然答應。在我們需要幫助的時候，對方會給我們各式各樣的「方便」。

—— 2 ——

我的一位朋友張琳就非常注意尊重與她有業務相關的人，她是公司的財務人員，經常需要跑銀行，一來二去的，她和銀行裡的迎賓經理、行員和保全都成了「老熟人」，大家都叫她張會計。張琳雖然不可能認識銀行裡的每位工作人員，但她無論對誰都很尊重，見到每個人都是笑咪咪的，銀行裡的工作人員都對她很有好感。

每次張琳去辦業務時，櫃員都會對她十分熱情，大廳裡的工作人員也會時不時地跟她寒暄幾句，還常常告訴她最近有哪

些很好的理財產品。如果在工作中遇到與銀行相關的問題，張琳就會直接打電話連繫銀行工作人員，讓自己省了不少事。張琳對銀行工作人員的尊重和熱情，換來了對方的好感，讓自己在工作上獲得了很多「方便」。

如果我們能像張琳一樣多認識幾個業務上的朋友，工作上的事情就能處理得非常順利。不但可以省掉許多手續上的麻煩，還可以減少不必要的損失。對於業務上的朋友，我們除了尊重對方、保持禮貌以外，還應該在業務上盡量為對方提供幫助。換句話說，就是要「與人方便」才能「與己方便」。

業務總是有來有往，今天你請我幫忙，明天我請你幫忙，只要雙方願意互相幫忙，願意互惠互利，事情就能順利地辦好。除了互相幫助以外，我們辦事時還要注意不要讓對方久等，不讓別人吃虧，這也是另外一種「行方便」。

對於那些來往比較密切的業務上的朋友，我們除了業務上與對方接觸以外，還有適當安排一些私人的接觸機會，讓雙方在業餘時間也能夠交流感情。其實，雙方在私下交流時，也可以解決許多業務上的問題。

但是，業務上的朋友與生活上的朋友還是有所不同的，我們在與他們交往時要有所保留，不要過多地透露自己私人生活。雖然，業務上的朋友也有可能變成知己，但是這樣的朋友一定是經過時間考驗的。在與業務上的朋友交往時，我們一定

要掌握好程度，把個人生活與業務分開，不要為了開展業務而失去了生活。同一個業務領域的人之間，有可能存在競爭關係，與業務上的朋友交往時要有所保留，這也是對自己的一種保護。

為了讓工作開展得更加順利，我們就要尊重每一個與自己業務相關的人，不僅要尊重對方，還要給對方「行方便」。但是，與業務上的朋友交往時，我們一定要注意掌握好「程度」，不要太過疏遠，也不要毫無保留。

精準社交

對於業務上的朋友，我們除了尊重對方、保持禮貌以外，還應該在業務上盡量為對方提供幫助。換句話說，就是要「與人方便」才能「與己方便」。

向別人傳遞你的「價值」

—— 1 ——

　　善於社交的人往往更容易成功，而判斷一個人是否善於社交，我們只需要看看他的人際關係就知道了。

　　如果一個人社交廣泛，在不同的社會層面，不同的產業都有關係不錯的朋友，而且朋友的年齡層也跨越很大，那麼這個人的社交能力一定是非常強的。相反，如果一個人的朋友大都侷限在他的產業內，關係好的朋友大都是同學、同事或者同行，就代表這個人的社交比較單一，社交能力也比較弱。

　　一個人身邊的朋友能側面反映他的身分和社交能力。如果他身邊的朋友大多數是優秀的人，那麼這個人本身的實力和社交能力一定比較強。如果身邊的大部分朋友還不如他，他就有可能具有「選擇性交往」的心理傾向。有這種心理傾向的人會習慣性地選擇自己的交往舒適區，與那些實力與自己相當或者弱於自己的人交往，面對強者或大人物時，他們會選擇敬而遠之，而這種消極的做法會加深他們與大人物打交道的「恐懼感」。

　　在如今這個商業社會裡，一個人「閉門造車」已經是不可能的了，我們要和各式各樣的人打交道。也許我們會碰到一些自

己不喜歡的人，或者讓我們感到壓力和畏懼的人，也許我們會身處在一個自己不喜歡的環境，無論面對什麼樣的情況，我們都要學會適應。

一個成熟的人，一定是很善於與那些自己不喜歡或強於自己的人打交道的，也一定能夠在自己不喜歡的環境中做到遊刃有餘。我認為他們成功的祕訣只有一個，那就是：「積極傳遞自己的『價值』。」

—— 2 ——

什麼是「價值」呢？就是我們能夠幫助到別人的能力，即我們的價值能為別人提供幫助，能與別人互惠互利。很多時候，人際關係能否擴展和累積，都取決於我們的「價值」，這種價值可以是實物也可以是虛擬物品，總歸要對別人有一定的價值，要不然，別人憑什麼要跟我們繼續交往下去呢？

所以，要擴展交際圈、累積人際關係，光有禮貌、熱情和社交技巧是遠遠不夠的，我們還要讓自己有「價值」，否則，人際關係對我們來說就如同虛幻的鏡花水月。

我的表哥是一個很愛社交的人，但是在我看來，他的所謂「社交」都是無效的。那一大把名片和一堆即時通訊軟體好友的背後都沒有實質的關係。表哥經常出席各種講座、論壇，各種聚會上都能看到他的身影，他每次一到場都會積極地與各種人

攀談，交換名片和連繫方式。慢慢地，表哥手機裡的連繫方式越來越多，但是真正的朋友還是只有那麼幾個。

表哥與人交談時，言必稱「我認識某某某」，但是，他口中提到的產業龍頭卻與他沒有任何實質上的交往，只是交換了連繫方式而已。表哥「認識」的那些人都沒有把他納入自己的交際圈。因為表哥對他們而言並沒有「價值」，他既不是產業內的佼佼者，也沒有很強大的人際關係，不能與別人形成互惠互利的關係，自然不會與對方建立真正的朋友關係。

由此可見，沒有「價值」的人際關係，就像是空中樓閣。展現自己的「價值」是我們建立人際關係的基礎。

—— **3** ——

那麼，我們的「價值」應該如何展示呢？我認為包含了以下三大方面：

🗣 發掘自己的獨特價值

雖然，「新東方」創始人俞敏洪曾經說過：「很少人能和與自己地位差太遠的人建立真正的人際關係。」但是，我們也不必因為這句話而感到太悲觀，大人物與小人物之間，就算最開始無法建立起真正的友誼關係，但也很有可能達成商業上的合作。只是，前提是小人物要能為大人物提供獨特的價值。

這裡的價值就是我們所說的「價值」，我們越「有用」，就越

容易建立強大牢固的人際關係。展示自己的「價值」就是自己的個人品牌，應該先找準自己的價值定位，再針對「目標客戶」進行品牌傳播。例如，一位編輯善於發掘好作者，策劃好圖書；一位媒體記者交遊廣闊，眼光敏銳，善於用自己的筆揭露問題；一位市場行銷人員擁有出色的溝通能力，善於協調各方關係，這些都是一個人的「價值」。

就算身為小人物，我們也有自己的獨特價值，我們要弄清自己的優勢在哪裡，才能展示和傳遞自己的價值。

🗣 巧妙傳遞自己的價值

在社交中，我們要善於向別人傳遞自己的「價值」，只有這樣才能促成我們和別人交往的機會，並在交往中加深了解、創造信任。展示自己價值的方式有很多，我們可以透過網路，也可以透過面對面交流。在向別人傳遞自己的「價值」時，我們要抓住時機，因為對方只需要短短幾分鐘就能判斷出自己是否願意和我們交往下去。

在與大人物打交道的過程中，我們要保持平常心，尊重自己的價值，並巧妙傳遞給對方。

🗣 成為人際關係中的「資訊中心」

其實，我們身邊的很多人際關係都沒有產生應有的效益，沒有發揮應有的作用，這些人際關係被稱為人際關係中的「沉澱資源」。如果我們仔細觀察身邊的朋友，就會發現他們每個人都

有自己的獨特價值，但是他們的價值沒有被傳播，也沒有人把他們連繫起來。我們在這些朋友之間牽線搭橋，讓他們的價值發揮作用。

作為資訊的終點，或者發出資訊的起點，我們在人際關係中能發揮的作用是十分有限的。如果我們成為了人際關係中的「資訊中心」，那麼別的朋友也會十分願意與我們交往，因為我們能促成許多合作，為別人提供很多機會。我們可以透過這種方式鞏固和擴大自己的人際關係，讓自己的交際圈變得更優秀。

每個人都希望自己能交上有價值的朋友，有價值的朋友才能與我們形成互惠互利的關係，而人際關係的本質就是一種交換，所以「價值」是建立人際關係的基礎。如果我們要想與別人建立關係，擴大自己的交際圈，就要學會巧妙傳遞自己的價值。

精準社交

人際關係能否擴展和累積，都取決於我們的「可利用價值」，這種價值可以是實物也可以是虛擬物品，總歸要對別人有一定的價值，要不然，別人憑什麼要跟我們繼續交往下去呢？

有意識突破圈層，重塑社交壁壘

—— 1 ——

在當今社會，人際關係就等於機會，擁有更多的社會關係，就意味著比別人多幾分機會。所以，我們要有意識地結交和累積各行各業的朋友。

只要我們想辦成一件事，就要與這件事中的「關鍵人物」打交道，如果，沒辦法和「關鍵人物」搭上關係，事情往往很難辦成，但是只要與「關鍵人物」建立了關係，事情就變得好辦了。而這些「關鍵人物」很有可能分布在各行各業，如果我們不認識相關產業的朋友，就沒有與「關鍵人物」結識的機會。

俗話說「多個朋友多條路」，有意識地結識各行各業的朋友，能讓我們捕捉到更多機遇，而且我們可以透過某個產業中的朋友，結識這個產業中的更多人，獲得更多的資訊和資源。結識各行各業的朋友就是在豐富自己的社會資源，讓自己的人際關係更廣。

—— 2 ——

結識各行各業的朋友，也可以讓我們人生的道路更廣闊，具有更高的眼界。各行各業的朋友們互相幫襯，有時候還會產

生無心插柳柳成蔭的效果。

　　思琦是一個集郵愛好者，她常常上網查詢關於郵票的各種知識，透過集郵愛好者論壇結識了不少地方的集郵愛好者，經常參加地方集郵愛好者們舉辦的各種聚會活動，漸漸與他們成為了好朋友。這些朋友中有的人是教師，有的人是記者，有的人是商人，還有的人是醫生，彙集了各行各業的工作者。

　　思琦透過集郵認識的記者朋友一次無意中看到了思琦寫的集郵感悟，十分欣賞，於是建議思琦投稿給報社，他可以幫忙從中牽線拉橋。就這樣，透過一段時間的寫稿和投稿，思琦成為了一本集郵愛好者雜誌的撰稿人。

　　當教師的朋友看到思琦的集郵事業開展得如火如荼，又恰逢學校開展課外活動，就把思琦請到了學校，給孩子們分享關於集郵的一些知識和趣事，一來二去，思琦成為了學校聘請的校外輔導員。

　　思琦以「郵票」為媒，認識了許多各行各業的朋友，這些朋友都或多或少地在生活和工作上幫助過思琦。最重要的是，思琦透過這些朋友接觸到了許多以前從未涉足的領域，讓自己的人生閱歷變得更豐富，也讓生活變得更加多彩多姿。

　　大量的事實都告訴我們，機遇的多少和人際關係的廣泛程度是成正比的。所以，為了捕捉更多的機遇，我們應該不斷擴大自己的交際圈，不要讓自己的交際圈侷限在某一個或兩個產

業內，要有意識地結交各行各業的朋友。只有這樣，才能獲得更多的發展機會。

—— 3 ——

與不同產業的朋友交往並建立關係，是一門學問，首先我們要對朋友所在的產業有一定的了解，並學習一些與該產業相關的常識，起碼朋友談起產業內的事情時我們不會一頭霧水。

其次，我們還應該參加一些聚會，透過這樣的場合去結識不同的人，一般來說，在這樣的場合下，我們是有很多機會認識不同產業的人的。最後，我們可以透過愛好來結識不同產業的朋友，有相同愛好的人形形色色，來自不同的產業，不同的地區，而且共同的愛好能更快拉近彼此的距離。

我們在生活中如果遇到不同產業的人，可以有意識地去結識對方，如果對方適合成為朋友，我們就可以與他建立關係。

總之，如果有機會認識不同產業的朋友，我們一定不要錯過。

另外，認識了各行各業的朋友以後，我們在與他們相處的時候還要注意以下幾個問題：

尊重和理解對方的工作

遇到不同產業的朋友，我們要尊重和理解對方的工作。在了解對方所從事的工作之前，不要對對方的工作大加評判，也

不要隨意抨擊對方產業相關的社會現象，例如醫病糾紛問題，或者房地產形勢等涉及產業的問題。對方作為業內人士，一定會有不同的立場和看法。在發表自己的意見之前，我們不妨先聽聽朋友怎麼說，也許會對事情產生不同的認識。

🐾 不要對別人的工作指手畫腳

我有一個朋友是小學老師，另一個朋友是一個八歲孩子的媽媽，兩個人碰面後，那位媽媽總是對學校教育發表各種看法，對那位當小學老師的朋友的工作指手畫腳，認為她不該給孩子留太多作業，或「指導」那位朋友與家長溝通。這兩位朋友經常不歡而散，後來雙方都慢慢不與對方來往了。

作為家長的那位朋友並不了解教師的工作內容，卻草率地站在自己的立場上對別人的工作指手畫腳，這樣的行為只會讓朋友厭惡。所以，我們在與不同產業的朋友交往時，不要對別人的工作指手畫腳，因為我們並不了解對方的具體情況。

🐾 向對方學習，了解各個產業的新動態

既然認識了各個產業的朋友，我們就要充分利用「資源」，向這些朋友學習各個產業的相關知識，在與朋友的談話和交往中增加我們的見識，開闊我們的眼界。每一位朋友都是一座「寶藏」，我們要從中挖掘到對自己成長和發展有益的知識。

🐾 求不同產業朋友幫忙時要慎重

如果我們遇到難題，需要不同產業的朋友幫助的話，那麼

我們在開口求助時一定要慎重。在開口求助前，我們要先弄清楚兩個問題。第一個問題是，對方能不能幫上忙？雖然對方是業內人士，但不一定是那個「關鍵人物」。如果對方是那個關鍵人物，當然萬事大吉。但如果對方不是，我們可以請對方幫忙牽線搭橋，讓我們接觸「關鍵人物」。

第二個問題是，幫我們這個忙，對方會不會吃虧？如果對方幫了大忙，我們一定要在事後做出補償。如果對方幫的是小忙，則可以以後找機會還人情。我們事先一定要弄清楚，對方會不會因為幫我們的忙，而吃了虧。

🔊 為朋友們牽線搭橋

人際關係是越用越活的，圈子也是在互相幫助中才變得越來越緊密的。我們認識了各行各業的朋友，這些朋友就像我們手中的一條條「線」，而我們要把這些「線」編織成人際關係網，當我們的人際關係變成網時，就會吸引越來越多的新朋友，還可以讓朋友們交換彼此的資源，而我們自己也會成為人際關係網中不可缺少的一環。

很多時候，成功的機遇都是從人際關係中來的，所以我們積極建立牢固的人際關係網路，擴展自己的交際圈，有意識地結交各行各業的朋友，讓自己捕捉到更多的機遇。

精準社交

俗話說「多個朋友多條路」，有意識地結識各行各業的朋友，能讓我們捕捉到更多機遇，而且我們可以透過某個產業中的朋友，結識這個產業中的更多人，獲得更多的資訊和資源。

把蝦米聯合起來，能幫你吃掉大魚

—— 1 ——

俗話說「大魚吃小魚，小魚吃小蝦」，這句話展現了殘酷的「叢林法則」，也可以用來形容社會競爭的激烈。但是，最弱小的小蝦真的只能等著被吃掉嗎？

千萬不要小看蝦米的力量，有時候把小蝦聯合起來，也可以吃掉大魚。聯合身邊的「小蝦」，然後一起去吃掉「大魚」，這樣做的成功率會更高。

涓涓細流，也能匯成一股洪流，我們千萬不要小看像「小蝦」這樣的小力量，把牠們彙集起來，就能產生令人意想不到的力量。

日本的聯合超級市場就是一個由無數「小魚小蝦」組成的龐然大物，它是一個以「聯合中小型超級市場共同進貨」為宗旨成立的公司，因為「小蝦」的推動，它的發展速度十分驚人。

1973 年石油危機之前，三德食品超市的董事長堀內寬二呼籲：「中小型超級市場跟大型超級市場對抗，要生存下去的唯一途徑就是團結。」當時響應這個呼籲的中小型超市只有十家，營業額加起來也不過數十億日元。

但是，現在日本聯合超級市場的加盟企業已經達到了 225

家，店鋪數量達到了 3,000 家，總銷售額達到了 4,716 億日元，遙遙領先於西友、大榮、傑士果等大型超級市場。近年來，日本聯合超級市場的發展更是十分迅速，業績達到了號稱巨無霸的西友超市的兩倍。

原本只是一個微不足道的中小型超市經營者的堀內寬二，憑藉著「不團結就無法生存的信念」成立了聯合超級市場，發展到今天，擁有了以前無法想像的規模。在中小型超市與大型超市的對抗中，「小蝦」團結起來，打敗了「大魚」。

—— 2 ——

日本聯合超級市場的成功正應了一句古話：「眾人拾柴火焰高」。透過聯合的力量，我們可以輕易實現靠個人力量實現不了的目標。很多小企業、小公司在市場大潮的衝擊下風雨飄搖，雖然靠著頑強的生命力支撐了下來，但是始終難以形成氣候。所以它們必須聯合起來，統一戰線、團結協作才能站穩腳跟。

成群螞蟻能啃大象，小蝦也能吃大魚，聯合微小的力量，在社交中同樣可以造成重要的作用。有些人習慣於把目光聚焦在那些取得了耀眼成就，獲得了大量財富的成功人士身上，認為只有他們才是自己的「貴人」，只有他們才能為自己的成功提供助力。

但是，要接觸大人物，往往需要花費一番工夫，更不要說

向對方求助了。暫時接觸不到大人物時，我們應該怎麼辦呢？

難道要坐以待斃嗎？當然不是！我們還可以聯合身邊那些不起眼的「小蝦」，把目光放在某些小人物的身上，說不定會有意外的收穫。

李強是某集團公司行銷總監，他每到逢年過節都要給公司的清潔工、司機還有櫃檯送些小禮物，雖然他們人微言輕，不可能參與公司重大決定，但是他們卻是經常可以接觸到公司總裁的人。公司經常有文件積壓的現象，有時著急等總裁簽字的文件因為積壓被耽誤幾天，等文件批覆下來，市場商機就錯過了。於是，李強想到了為總裁打掃辦公室的清潔女工，他請清潔女工打掃總裁辦公室時，順手把夾在文件堆裡的銷售部文件翻出來，放在最上面，這以後銷售部門的文件批覆就快多了。李強藉助清潔女工這位小人物，幫他辦成了「大事」。

—— 3 ——

從上文的故事中，我們可以看出，小人物和大人物的「大小」並不是絕對的，有些事情中，小人物反而能發揮大作用。

大人物的能力固然很強，但有些事他不一定能幫上忙，或者不願意幫，這時候我們就要依靠小人物來幫助了。

所以，任何時候我們都不應該小看「小人物」，我們要懂得變通，要重視小人物的力量。小人物就像一顆顆小小的螺絲

釘，只要用對地方，運用得當，就能讓大機器運轉起來。對每一個小人物，我們都要尊重，而且要善於發現他們身上的亮點。戰國時代的孟嘗君有門客三千，其中不乏販夫走卒，他們在歷史上被稱為「雞鳴狗盜」之徒，但他們卻在關鍵時刻幫助孟嘗君從秦昭王的囚禁中逃脫。

因此，我們在社交中，不要只顧著千方百計地與那些成功人士結交，也要懂得與小人物搞好關係。而且，對小人物我們要尊重並且挖掘他們身上的優點，尤其不要輕易得罪那些大人物身邊的小人物。有時候，我們一時結交不到大人物，也可以另闢蹊徑，藉助小人物的力量幫我們達到目的，辦成大事。

精準社交

任何時候我們都不應該小看「小人物」，我們要懂得變通，要重視小人物的力量。小人物就像一顆顆小小的螺絲釘，只要放對地方，運用得當，就能讓大機器運轉起來。

第 6 章　高情商社交法則 4：
利他 —— 恰到好處的付出，讓你與對方無意識連線

建立和諧的人際關係靠雙方的努力，

只有互相幫助，關係才能維持下去。

所以，在請別人幫助的同時，

你也想想自己能為別人做些什麼。

任何社交都不是靠單方面付出維持的，

在得到的同時也要付出。

無論是朋友，還是同事或者其他認識的人有困難時，

你都要主動伸出援手，

因為袖手旁觀意味著一段關係的破裂。

自我價值評估：我能為別人做點什麼

— 1 —

我們究竟喜歡和什麼樣的人做朋友呢？我想，一般人的心中都不外乎有下面這樣幾個答案：想和有才華的人做朋友，因為他們總能引導我們的思路，開闊我們的眼界；喜歡和幽默的人做朋友，因為他們能為我們帶來無限歡樂，讓我們笑口常開；想和溫暖的人做朋友，因為他們雖然在物質上不一定能幫助我們，但能給我們帶來精神上的鼓勵和安慰；喜歡和善解人意的人做朋友……還喜歡和善良的人做朋友……

無論我們想和什麼人做朋友，我們在選擇對方時，都會首先考慮對方能為我們帶來什麼。有的人，我們願意和他交朋友，是因為他能給予我們所需要的；而另一些人，我們不願和他來往，是因為和他在一起對我們沒有任何好處。

我們之所以會有這樣的想法，是因為從小就接受這樣的教育，父母常常教育我們：「你要和成績好的同學玩！」、「他成績太差了，不要和他在一起。」

如果，我們和那些品學兼優的人做朋友，父母就會十分滿意。然而，當我們和那些品行惡劣、背景複雜的人打成一片時，就會遭到父母激烈地反對。因為，父母知道，我們會受朋

友的影響，會有意無意地從朋友身上獲得一些東西。當我們逐漸長大懂事之後，我們也會有意識地選擇那些對我們有幫助、有好處的人做朋友。

正如前文所說：「社交在本質上是一個社會交換的過程，相互給予彼此所需要的。」這個原則也叫做「互惠互利原則」。有些人認為把社交和交換連繫起來是非常功利和庸俗的，會玷汙了和朋友之間的真摯友誼，但這種交換卻是客觀存在的，而且也是我們無法否定的。當然，這種交換不僅僅是指物質交換，也不是市場上的買賣，它包含了我們的情感、資訊、人情等各方面的交換，也就是我們通常所說的「好處」

但是，發生在社交中的交換與市場上的買賣遵循的原則是一樣的，也就是說，我們都希望自己的付出是值得的，希望自己得到的大於付出的。否則，我們的心理就會失衡，就會對一段關係產生懷疑。

我們常常被告誡，好朋友之間不要涉及過多的金錢往來。

因為，生活中經常有這樣的事情發生：兩個朋友的關係本來很好，可其中一個人借了另一個人一筆錢，久久不還錢，或者乾脆不再連繫。結果這兩個朋友漸行漸遠，甚至變成互有怨言的朋友。有時候，所謂的「好朋友」是經不起金錢考驗的。

—— 2 ——

社交的建立和維繫，都是透過價值觀篩選後得到的結果。

對於那些自己認為值得的人際關係，人們就會選擇積極維護。

對於那些對自己來說不值得的，失大於得的人際關係，人們就會選擇逃避、疏遠或者終止這段關係。

小劉是一個性格很活潑的小夥子，很喜歡交朋友，他大學畢業後進入了一家公司，目前還處於試用階段。進入公司後，小劉很羨慕那些優秀的同事，也很佩服他們的能力，他希望自己也能融入這些同事中。但是，當小劉試圖靠近同事時，有的人卻對他並不熱情，甚至還有的同事根本不理他。

一開始，小劉感到很困惑，他覺得同事之間應該互相幫助。

直到有一次，他無意中聽到了同事們的議論，才恍然大悟。

「小劉對我這麼好，猜想是想讓我教他一點東西。但是他什麼都不會啊，幫他對我沒有任何好處。」一個同事說。

「是啊，幫他還不如幫李處長的姪女呢！」另一個同事附和道。這位同事口中所說的「李處長的姪女」是和小劉一起進入了這家公司的另一位新人，而這家公司只有一個名額，兩位新人目前都處於試用階段，試用期結束後公司會選擇一人留下。

小劉聽到同事的話後非常氣憤，他覺得那些同事都是勢利

小人。同時，他也明白了，同事並不欠自己的，也沒有理由必須幫助自己。那些同事之所以對自己不感興趣，是因為自己還不具備讓他們感興趣的實力和條件。

於是，小劉在接下來的工作中非常努力，還利用休假參加了職業技能進修班，積極提高自己的職業技能。功夫不負有心人，小劉在工作上取得了很不錯的成績，獲得主管的器重。而那些最開始對他態度冷淡的同事們，也漸漸跟他熱絡了起來。

試用期結束後，小劉理所當然地被留了下來，而那位李處長的姪女反而被淘汰了。

從小劉的例子我們可以看出，要時刻增加自己的能力和價值，才能讓別人願意與我們交往。這樣的話雖然聽起來有點功利，但這個道理不僅真實，而且還很實用。

—— 3 ——

我們問了自己喜歡和什麼樣的人做朋友之後，可以反過來再想一想，為什麼我們的朋友選擇了我們？是什麼讓他們願意跟我們做朋友？我們滿足了朋友的哪些需求？我們為朋友帶來了什麼「好處」？

朋友有困難的時候，我們義無反顧地幫助過他；朋友失落傷心時，我總是默默支援和安慰他；當朋友孤獨時，我們總是在他身邊陪伴著他；朋友的生活和事業陷入低谷時，我們總會

積極伸出援手，為對方解燃眉之急。

　　若是我們從來沒有做過這些，朋友又怎麼會喜歡跟我們在一起呢？如果一個人從來沒有想過為自己的朋友做點什麼的話，那他一定是一個非常自私的人。只考慮別人能帶給自己什麼「好處」，而從不想自己能給予別人什麼，這樣的人是非常自私的。

　　很多人從小在父母的精心呵護下長大，在生活中從來都只扮演「依賴者」的角色。進入社會後，還是很難轉變自己的想法，對別人的幫助和關懷都理所當然地接受，甚至瞧不起那些不如自己的人。久而久之，他們和朋友之間的關係就會失衡，朋友會漸漸疏遠他，其他的人也不願意與他交往。

　　我們要記住，這個世界上沒有任何付出可以被看作理所當然，也沒有任何恩惠能心安理得地接受。我們得到的同時也要學會為別人付出。我們在向別人索取時，要先想一想自己能帶給別人什麼「好處」。

　　如果，我們在處理人際關係時，能首先想到維護交換中的平衡，在得到的同時，也能想一想自己為別人付出了什麼。那麼，我們就不愁交不到朋友。所以，與朋友相處時，我們先不要問對方能為我們做什麼，而是要先問自己能為對方做些什麼。

精準社交

　　我們要記住，這個世界上沒有任何付出可以被看作理所當然，也沒有任何恩惠能心安理得地接受。我們得到的同時也要學會為別人付出。我們在向別人索取時，要先想一想自己能帶給別人什麼「好處」。

幫別人化解尷尬，而不是冷眼旁觀

— 1 —

曾經有人問我：「你認為最能展現一個人交際能力的是什麼？」我回答：「我認為，最能展現一個人交際能力的既不是說話的技巧，也不是能否與別人快速建立關係，而是幫別人化解尷尬的能力。」

幫別人化解尷尬，很考驗一個人的情商和反應能力。如果我們能在別人陷入尷尬的時候及時伸出援手，巧妙地幫對方化解尷尬，一定會給對方留下很好的印象，對方也會從內心裡感謝我們。而且，對方還會在以後找機會還我們一份人情。

交際能力強、情商高的人，既不會讓自己尷尬，也不會讓別人尷尬。我們和這樣的人在一起總有一種如沐春風的感覺。

在生活中，我們難免遇到尷尬事，如果有這樣一位朋友在身邊，我們就再也不用怕了。

顧琳是一位雜誌編輯，一次她受邀去採訪一位企業家。那位企業家所在的公司是外商合資的，公司裡有一部分外國人，顧琳需要和這些人進行簡單的溝通。但是，顧琳的英語不是很好，在與外國人溝通時不小心說錯了一個單字，引得大家都笑了起來，

這時，顧琳要採訪的那位企業家走了過來，對大家說：

「好不容易有媒體來採訪我們，這是公司的大事，我們先跟顧老師拍個照吧！」於是，大家的注意力都被他轉移了，高高興興地拍起了合照。這時，沒有人再關注顧琳的小錯誤，她大大地鬆了一口氣。

這位企業家「機智」地為顧琳化解了尷尬，讓顧琳對他產生了很好的印象，在後面的採訪中兩人也聊得很愉快。顧琳的採訪文章也寫得很客觀，而且角度新穎，發表後獲得了很好的反響，那位企業家本人對此也非常滿意。

企業家用自己的高情商幫顧琳化解了尷尬，顧琳也投桃報李，花心思寫了一篇對企業家形象很有利的好文章。其實，幫別人化解尷尬也是對別人的一種幫助，有時候，這種幫助甚至比借錢給對方還要令人感激。當我們遇到別人陷入尷尬時，一定不要冷眼旁觀，而是要及時出手幫對方化解。

── 2 ──

如果我們能幫助別人化解尷尬，或讓別人從窘境中解脫出來，別人也會很樂意與我們交往，因為我們的體貼和暖心已經打動了對方。

尷尬的殺傷力很大，它會讓原本熱烈的氣氛在一瞬間降到冰點，甚至會讓人產生逃離當下環境的想法，並且也會對那個

讓自己尷尬的人產生厭惡和痛恨。而幫助別人化解尷尬的舉動就相當於「雪中送炭」，關鍵時刻的幫助能快速拉近雙方的距離，贏得對方的好感。

中國演員黃渤的高情商是大家公認的，被大家稱為「行走的情商教科書」。他在北京電影學院舉辦一個演講節目中，向觀眾講述了自己親身經歷的一件事：

一次，一位粉絲遇到了黃渤，就上前與他搭訕，兩人相談甚歡，最後那位粉絲說：「我很喜歡你演的一部電影，就是你和劉若英，還有劉德華演得那部，我想起來了，就是《天下無賊》。」

聽了這位粉絲的話，黃渤一下子愣住了。很明顯，這部電影並不是他演的，這位粉絲把他當成了王寶強。這位粉絲又對黃渤說：「你能不能幫我簽個名呢？」

黃渤想，自己到底是簽「王寶強」還是簽「黃渤」呢？他考慮了一下，就大方地簽下了「王寶強」三個字，並幽默地用王寶強的語氣和那位粉絲道了別。

本來，尷尬的人應該是黃渤，因為粉絲和他聊了很久還是沒有認出他，並把他當成了王寶強。但是，如果他簽上「黃渤」兩個字，尷尬的人就成了那位粉絲，黃渤體貼地選擇了不揭穿對方，避免讓那位粉絲陷入尷尬。這就是黃渤的好修養和高情商，他能有這樣的好口碑和觀眾緣也不是沒有原因的。

　　讓別人避免尷尬，幫助別人擺脫窘境，是在做一件非常體貼的好事。那些善於化解尷尬，也願意出手相助的人一定會在社交中非常受歡迎，每個人都希望自己的身邊能有這樣一個「救場王」，為自己帶來安全感。

—— 3 ——

　　然而，幫助別人化解尷尬，就像走鋼絲，是一項很有風險的「專業技術」。其中的危險之處在於：稍不注意，我們就會弄巧成拙，不但幫不上別人，還有可能讓對方受到二次傷害。所以，我們在幫別人化解尷尬時也要講究方法。那麼，具體來說，有哪些方法呢？

🗣 轉移大家注意力，為對方遮掩

　　當別人陷入尷尬時，我們可以用轉移注意力的方式，把其他人的關注點轉移，讓剛剛發生的尷尬事慢慢被遺忘。在顧琳的案例中，那位企業家就是利用這種方法幫顧琳化解了尷尬，他把大家的注意力轉移到了拍照上面，大家自然不會再關注顧琳。

🗣 裝作不知道，當事情沒有發生過

　　有些尷尬，裝作沒發生或沒看見才是最好的化解方法。因為，再次提及有可能會讓對方受傷。而且，有些尷尬的場面，用任何語言和動作都很難化解，最好的辦法就是假裝不知道。

　　有時候，「視而不見」也是一種關懷和體貼。

● 甘當「背鍋俠」，替對方背黑鍋

我曾經看過一部偶像劇，有一段劇情是這樣的：在一次聚會中，女主角因為吃壞了肚子，不小心放了一個很響的屁，這個屁「震驚」了在場的所有人，大家開始追問是誰放的屁。正當女主角尷尬地恨不得挖個地洞鑽進去時，男主挺身而出，大聲承認這個屁是自己放的。他「英雄救美」的舉動贏得了女主角的好感。

當然，主動背黑鍋的代價比較大，需要很大的勇氣，我們要根據當時的環境和與對方的關係，來斟酌是否應該使出這招「殺手鐧」。

● 用幽默化解尷尬

幽默是人與人交往時最好的潤滑劑，可以輕鬆地活躍氣氛，化解尷尬，所以我們可以用幽默來幫別人擺脫窘境，讓大家在歡笑中忘記尷尬和不愉快。適當幽默能展現我們的情商和水準，而低俗的笑話只會暴露我們的品味，降低我們的格調，所以，我們要注意把握幽默的「程度」。

與人交往，最難得的是「體諒」和「體貼」，只要把這兩點做好了，就能輕易獲得別人的好感。幫助對方化解尷尬，從本質上來說就是為對方著想，把對對方的體貼付諸行動。一個高情商、擅長交際的人，不會在別人陷入尷尬時，選擇冷眼旁觀。因為，這樣做對我們沒有任何好處，反而會引起對方的遷怒和

反感。如果我們能及時伸出援手，幫對方化解尷尬，就能收穫
一份人情和一份感恩。

精準社交

　　讓別人避免尷尬，幫助別人擺脫窘境，是在做一件非常體貼的
好事。那些善於化解尷尬，也願意出手相助的人一定會在人際交往
中非常受歡迎，每個人都希望自己的身邊能有這樣一個「救場王」，
為自己帶來安全感。

自覺利他，是高情商的高境界

—— 1 ——

你曾經有過想求助，卻不知道如何開口的時候嗎？曾幾何時，我連向父母借錢都要左思右想，更別說開口向其他的人求助了。我相信，生活中一定有很多時候，你也是不好意思求人。

有句老話叫做「吃人嘴短，拿人手軟」，在這種傳統思想的影響下，我們向別人求助時，會覺得自己開口就比別人矮一截。所以很多時候，我們都會因為拉不下臉，而不好意思向別人求助。

如果有人能明白我們的感受，看出我們的為難，在我們還沒開口求助時，就主動伸手幫我們一把，我們一定會對他萬分感謝。感謝他的熱心關懷，感謝他的理解和體貼。我相信，這個人一定能給我們留下特別美好的印象。

反過來，如果我們也能這樣對待別人，在別人還沒開口之前，就主動地給予幫助，那麼我們一定能收穫對方真正的信任。

香港繁榮集團董事長、香港「景泰藍大王」陳玉書就因為一次主動的幫助，為自己贏得了開創事業的本錢。

1970 年代初，陳玉書攜家人從印尼來到香港。初到香港的他，全身上下只有五十元港幣，為了維持一家人的生活，他什麼

髒活累活都願意做，他曾經做過洗碗工、碼頭工人、粉刷工等等。

其中有一段時間，陳玉書成為了一個「地盤工」，就是在工地上做苦力的建築工人。這份工作異常辛苦，即使他每天工作到筋疲力盡，也很難養活一家人。因為生活窘迫，陳玉書和妻子誰都不敢生病。儘管如此，陳玉書還是失業了，一家人的生活也沒有了著落，他四處求職，但是都被拒之門外。

屋漏偏逢連夜雨，這時陳玉書的妻子又懷孕了，但是他們根本養不起這個孩子。萬般無奈之下，他們只好找醫生做人工流產，就連手術的費用都是找朋友借的。

一天，陳玉書看到一位身材瘦弱的女士，正吃力地推著一個小男孩玩盪鞦韆，於是他主動走過去幫那位女士推孩子。後來陳玉書才知道，那位女士是印尼駐香港領事館一位高官的夫人。

不久後，陳玉書無意中聽到一位印尼華僑朋友手頭有一大批急需運往印尼的貨物，但是這批貨在領事館辦理商業簽證時遇到了麻煩。陳玉書聽到這裡，就想起了那位自己剛認識的高官夫人。於是，他找到了那位夫人幫忙，在這位夫人的幫助下，那位華僑朋友的貨很快拿到了簽證，並在稅率上也得到了優惠。

這位華僑朋友非常高興，他送給了陳玉書五萬美金作為酬謝。陳玉書用這筆錢開創了自己的事業，一步步成為一名成功的商人。

在別人有困難的時候，主動提供幫助，不僅能免去對方的尷尬，還會令對方更為感激。如果我們選擇袖手旁觀，等對方開口求助以後，再考慮是否幫助對方，那麼即使我們最後伸出了援手，對方的感激之情也會因為開口求人的難堪和掙扎而大打折扣。

—— 2 ——

從另一個層面上來說，主動幫助別人，也是我們進行自我提升的一種方式。在幫助別人的過程中，我們可以提前學習自己尚未掌握的知識，累積我們不曾有過的經驗，為未來的工作和生活做準備。當我們決定主動幫助別人時，我們就是在累積寶貴的人生經驗，同時也為自己贏得了一份人情。既然如此，我們還有什麼理由不主動對別人伸出援手呢？

主動幫助別人也是一種美德，這種美德讓我們更加善良和寬厚，讓我們的人生更寬廣、更有意義。當我們把主動幫助別人當成一種習慣後，我們就能體會到助人為樂的快樂。身邊的朋友會把我們當成知己和「貴人」，不認識我們的人，也會在我們的幫助下度過難關，並與我們相識、相交。主動幫助別人可以拓寬我們的人際關係，擴大我們的人生舞臺。

贈人玫瑰，手留餘香，為別人點亮蠟燭，最先被照亮的是我們自己。我們在幫助別人的同時，就是在幫助自己，因為現

在我們主動伸手幫助別人，以後我們需要幫助的時候，別人也會出手相助。

美國著名作家哈伯德（Elbert Hubbard）說：「聰明人都明白這樣一個道理，幫助自己的唯一方法，就是主動去幫助別人。」主動幫助別人可以讓我們的人際關係網形成一個良性循環，只要有了良好的開端，我們就能「以心換心，種樹成蔭」。只要我們願意自發地去幫助別人，我們的人緣就會越來越好，和朋友之間的友誼也會越來越堅固。

—— **3** ——

不過，我們在主動向別人提供幫助時，一定要注意自己的態度，不要高高在上、咄咄逼人。要不然，對方就會認為我們在施捨，或是在乘人之危，不願意接受我們的幫助。這樣一來，就違背了我們的初衷，所以我們在幫助別人時，一定要態度親切，謙恭有禮。

還有的人警惕性比較好，不會輕易相信別人，如果我們主動提出幫助，很可能會引起他們的警覺，他們會想：「無事獻殷勤，非奸即盜。這個人這麼積極地要幫助我，是不是對我有什麼圖謀？」基於這樣的懷疑心理，對方很可能會拒絕我們的主動幫助。

此時，我們應該往後退一步，與對方保持一定的距離，給

對方考慮和做決定的空間。我們要記住，我們主動幫助別人是出於善意，而不是要當「救世主」，別人當然有權拒絕我們的幫助。如果我們不明白這一點，強行提供幫助，甚至對對方的事橫加干涉，就會讓好事變成壞事。

總而言之，一個善於交際、情商高的人，一定是心懷善意的。面對那些陷入困境的人們，他們會在對方開口之前，就自發地提供幫助。這樣的做法，既能使接受幫助的人免於尷尬和難堪，又能讓我們收穫一份真摯的情誼。主動幫助別人，對我們的社交而言，可謂有百利而無一害。

精準社交

贈人玫瑰，手留餘香，為別人點亮蠟燭，最先被照亮的是我們自己。我們在幫助別人的同時，就是在幫助自己，因為現在我們主動伸手幫助別人，以後我們需要幫助的時候，別人也會出手相助。

刻意利他，會讓你掉入社交黑洞

—— 1 ——

樂於助人是一種傳統美德，助人需要熱情，更需要智慧和技巧。如果我們在社交中幫助別人時不講究技巧，讓對方的尊嚴受到損害，就有可能讓我們的幫助變了味，不但幫不了別人，還會給對方帶來很大的傷害。

古代典籍《禮記》中記載了「不受嗟來之食」的故事：

戰國時期，齊國發生了大飢荒，有一個叫黔敖拿出糧食賑濟飢民，他在路邊準備了食物，供路過的飢民來吃。有個用袖子蒙著臉、衣衫襤褸的人走了過來，黔敖拿著碗對這位飢民說「喂！來吃吧！」這位飢民卻說「我正因為不吃別人施捨的食物，才落得這個地步！」

這個飢民餓到了極點，但依然拒絕了別人輕蔑的施捨，他寧願飢餓而死，也不願意放棄自己的尊嚴。有的人內心很敏感，很怕別人的拒絕，也更怕別人的不尊重。如果求助時被委婉拒絕，他們反而能夠體諒別人的難處。如果對方願意幫助他們，但卻態度輕蔑、言語傲慢，那麼他們一定會挺直腰桿，寧可自己為難，也不願接受幫助。

所以，我們在幫助別人時，一定要注意維護對方的尊嚴，

不要傷害對方的感情和自尊。一個人不得已需要求別人，就意味著他在某些方面不如別人，在能力、金錢或者是身體上暫時處於劣勢，這種劣勢讓他們在心理上也處於劣勢。

身處困境已經讓人感到十分痛苦了，如果在接受幫助的同時，還要感受低人一等的自卑，或者受制於人的無奈，甚至是被施捨的屈辱，就會讓接受幫助的人受到更大的傷害。我們一定要明白，最好的善意是建立在尊重上的，最好的幫助也是不著印記的。

—— **2** ——

我曾經在雜誌上看到過一個關於「幫助」的暖心故事，故事中最感人的不是幫助別人的行為，而是那份不著印記的善意。

故事的主角是張老師，她住在十五樓，有一個五歲的女兒。張老師所在的社區裡有一位王大媽，她兒子和妻子離婚後，丟下六歲的女兒跟奶奶生活就外出工作去了，常年沒有音訊。王大媽一個人帶著孫女，生活過得十分困難，平時經常在社區裡撿垃圾補貼生活。

一次，張老師帶著女兒在社區樓下玩，遇到了王大媽和她的孫女。張老師的女兒帶著很多玩具，兩個孩子很快玩到了一起。王大媽的孫女對張老師女兒的玩具愛不釋手，一會摸摸這個，一會看看那個，但是這個乖巧的小女孩知道自己家的經濟

條件不好，也沒有開口向奶奶要玩具。

張老師跟自己的女兒商量以後，決定送給王大媽的孫女一個玩具。於是，張老師拿出一個恐龍玩偶送給王大媽的孫女，可王大媽見狀，連聲說：「這個太貴了，我們不能要。」說完她就領著小孫女回家了。

過了幾天，王大媽在社區撿垃圾時，發現有人把一隻恐龍玩偶和一輛半新的玩具車遺棄在垃圾桶裡，王大媽開心地把它們撿回了家，孫女看到王大媽手上的玩具，開心極了。

張老師和女兒趴在窗前，看著王大媽拿走了玩具，女兒開心地說：「媽媽，我們把玩具送到喜歡它們的人手裡了。」張老師也笑著說：「是啊，玩具們已經安全到達新家了。」

張老師的幫助和善意就像溫柔的春風，讓人倍感溫暖，卻又不露印記。而且她也為女兒上了最生動的一課，讓女兒明白：這個世界上最好的慈悲，就是讓接受幫助的人感到幸福，保護他們那顆敏感的心。幫助別人的快樂，並不是來自於外界的讚美，而是發自自己的內心。

或許有人會說，要求人辦事，怎麼可能一點委屈都不受呢？的確，要接受別人的幫助，就有可能要忍受各式各樣的委屈。但如果有選擇，我們在給予別人善意和幫助的時候，應該盡量不帶任何條件、任何偏見。

—— **3** ——

雖然，幫助別人是善良之舉，但幫助別人也是要講究技巧的。如果我們一不小心，讓自己的好心傷害了別人，那就是好心辦壞事了。因此，我們在幫助別人時，要注意以下幾點。

🗣 不要用施捨的態度

我們幫助他人的時候，千萬不要用施捨的態度，因為這會讓別人有種被侮辱的感覺。況且，我們幫助別人是希望與別人建立良好的關係，又何必擺出一副施捨的嘴臉呢？既然要幫人，就應該拿出真誠的態度，真心地幫助別人。施捨的態度，會讓我們的善意被抵消，甚至會讓對方耿耿於懷。

🗣 根據對方的需要提供幫助

面對一個飢餓的人，我們送上一堆書籍，這樣的幫助合適嗎？當然不，因為我們沒有解決對方的核心問題，也沒能解對方燃眉之急。我們提供幫助時，應該考慮到對方真正的需求，千萬不要自說自話、自以為是地給對方一些無用的幫助。

🗣 讓對方愉快地接受

很多人都會陷入一種失誤，那就是：我幫助了你，你就要對我感激涕零，要流著淚表示感謝。這種想法是完全錯誤的，是一種道德綁架。我們幫助別人的時候，要讓對方愉快地接受。「助人為樂」傳遞的是快樂和幸福，而不是要對方感恩戴

德。發自內心地幫助別人，也讓對方把感謝放在心中，記住這份人情，這不是更好嗎？

幫助別人不要邀功

有的人在幫別人做了一點小事以後，就迫不及待地向對方邀功，或者向其他的人展示自己的功勞：「你們看，幸虧有我，不然……」這樣的幫助顯得太功利，不僅會給當事人帶來很大壓力，還會引起其他人的反感。面對這種好邀功的助人者，被幫助的人會想辦法迅速還清人情，然後再也不和他來往，這才是這種做法最大的壞處。

幫助別人必須講究技巧，否則不僅達不到傳遞善意的效果，還容易得罪人。幫助別人時尊重別人，講究方法，才是真正的善良。

精準社交

這個世界上最好的慈悲，就是讓接受幫助的人感到幸福，保護他們那顆敏感的心。幫助別人的快樂，並不是來自於外界的讚美，而是發自自己的內心。

怎樣消除社交中的隔閡？

—— 1 ——

當孩子不再需要我們時，代表他已經長大成人，開始了自己的生活，往後也會離我們越來越遠。孩子的求助，對父母來說永遠是甜蜜的負擔。

當父母不再需要我們時，代表他們有可能已經不在人世。

人生短短幾十年，終有一天我們要送別父母，千萬別讓自己徒留後悔和悲傷。

當愛人不再需要我們時，代表對方可能不再在乎我們。有時候被求助也是一種在乎，不要失去了才知道要珍惜。

當朋友不再需要我們時，代表對方已經和我們有了隔閡，不再像以前那樣相信我們，有什麼事都跟我們商量，有什麼困難也找我們幫忙。朋友的求助是對我們的信任，我們不要辜負了這份信任。

所以，無論是孩子、父母、愛人，還是朋友，我們都要珍惜這些曾經求助於我們，或者正在求助於我們的人。因為他們的求助，我們的人生才更有意義，生活才充滿色彩。如果沒有了這些願意向我們求助的人，我們的生命會變得蒼白而無趣。

人們常說：「事不關己，高高掛起」、「只掃自家門前雪，休

管他人瓦上霜」，但是這種價值觀所傳達的是一種冷漠和明哲保身的做人態度，它的背後是對人性深深的失望。難道我們要抱著失望與悲觀生活下去嗎？

其實，我們應該換一種角度看問題，我們可以把他人的求助，看成是對我們的信任。他人願意向我們求助，也從側面說明了他們信任我們的能力，認為我們能擔當重任。因為狄更斯曾經說：「世界上能為別人減輕負擔的都不是庸庸碌碌之徒。」

能被他人求助，代表我們被尊重、被需要，也代表對方是真心地把我們當朋友。如果你有一個認識很久的朋友，但他從來沒有向你求助過，那麼你們的交情一定不是很深。如果一個好朋友慢慢地不再向你求助，那一定是你們之間有了裂痕和隔閡。

—— **2** ——

有時候，他人的求助甚至能給我們的內心帶來溫暖和力量，這種力量源於朋友對我們的信任。

我有一位關係非常好的朋友，雖然我們經常因為一些問題而爭執，但是從來沒有因為這些爭執而產生過隔閡。

我們原本只是普通朋友，但是一次「求助」讓我們的友誼發生了「變質」。當時，我那位朋友要到德國交流學習兩個月，但她很不放心獨自留在家裡的媽媽，幾乎每天都會給媽媽打電

話。一天，朋友打了很多遍電話，她的媽媽也沒有接，手機和家裡的電話都無人接聽。

朋友一下子慌了，但是她在當地的親戚不多，打了幾個親戚的電話，對方不是去了外地，就是在離她家很遠的地方。於是，朋友想到了我，她抱著試一試的想法，打通了我的電話。

她在電話裡焦急地拜託我幫忙去她家裡看看，她媽媽的身體不太好，她怕媽媽一個人在家裡發生了什麼事。

我接到電話後，立刻搭計程車趕到了她的家裡，正當我用力敲門時，朋友的媽媽回來了。原來，阿姨出門散步忘了帶手機，在我說明來意後，她趕緊給女兒回了電話，並對我表達了謝意。雖然是虛驚一場，但朋友也很感謝我的熱心幫忙，她一回國就請我吃飯，並給我帶了禮物。經過深入交流，我們才發現，彼此的共同語言很多，慢慢地，我們的感情也越來越好。

其實，我接到朋友的求助電話後，第一反應並不是嫌棄朋友事多，而是從內心中湧起一股責任感，因為我聽得出對方非常著急，同時，也感受到了對方寄託在我身上的信任。

朋友之間求助，意味著信任，也能增進雙方的感情；不求助，則意味著隔閡已經產生。

—— 3 ——

當朋友不再向我們求助時，可能我們和朋友之間已經有了隔閡。那麼，當我們察覺到自己和朋友之間有了隔閡時，應該怎樣彌補呢？下面有幾點建議，可以幫助我們彌補友誼的裂痕，重新建立信任。

認真梳理與朋友之間的關係，找出隔閡產生的原因

當隔閡產生時，我們要靜下心來，認真梳理一下，我們和朋友產生隔閡的原因究竟是什麼？有哪些客觀原因？又有哪些主觀原因？是否因為第三方的原因而導致了隔閡的產生？如果我們一時之間難以回答這些問題，可以暫時先放一放，等自己冷靜下來再進行梳理。只有理清了頭緒，我們才能有針對性地解決問題，還能從中吸取教訓，避免以後再發生類似的錯誤。

心平氣和地接受別人的意見

當我們和朋友產生了隔閡、發生了矛盾，難免周圍會有人對此議論紛紛。此時，我們應該心平氣和地接受別人的意見，如果別人說得有道理，我們就應該引以為戒。如果別人說得不對，我們也不要跟他計較，因為他不是當事人，並不了解其中緣由，難免會有誤解。

🗣 客觀地尋找自己的不足之處

　　兩個人之間產生了隔閡，一定不是其中一方的原因，所以我們要客觀地尋找自身的原因。透過對自我的剖析，我們就能明白問題的癥結所在。發現了自己的錯誤以後，我們就要立即改正，並隨時提醒自己注意。

🗣 找機會與朋友真誠溝通

　　我們在梳理清楚自己的問題後，應該尋找適當的機會，與朋友進行真誠的溝通。雙方溝通時，應該放下成見，坦誠地溝通彼此的想法。真誠溝通，是消除隔閡的最好方法。

🗣 創造條件消除隔閡

　　除了與朋友真誠溝通以外，我們還要創造條件，與朋友消除隔閡。找個合適的契機，促進我們和朋友和好如初。我們可以邀請朋友吃飯、約朋友週末一起去郊遊，或者一起去看一場電影，在歡聲笑語之中，讓彼此心中殘餘的「堅冰」逐漸消融。

🗣 一如既往地對待朋友

　　當我們和朋友恢復關係以後，仍然要一如既往地對待朋友。既然雙方都認為事情已經過去了，我們就不應該再提起過去的隔閡，要像過去一樣與朋友交往，讓時間彌合一切裂痕。

　　總而言之，我們不要把朋友的求助看成一種負擔，朋友之間互相幫助是正常的人情往來，也是加深彼此關係的一種方

式。朋友的求助，是對我們的信任和需要，如果朋友不再向我們求助，就代表我們和朋友之間已經有了隔閡。我們應該想辦法去消除隔閡，恢復關係。

　　不僅是朋友之間需要這樣做，在社交中與其他人有了隔閡也可以採取以上方法消除隔閡。

精準社交

　　我們應該換一種角度看問題，我們可以把朋友的麻煩，看成是對我們的信任。朋友願意麻煩我們，也從側面說明了他們信任我們的能力，認為我們能擔當重任。因為狄更斯（Charles Dickens）曾經說：「世界上能為別人減輕負擔的都不是庸庸碌碌之徒。」

付出後，不期待

—— 1 ——

對別人提供幫助，本來是一件對雙方都有益的事，一方面可以拉近彼此的關係，讓友誼進一步昇華；另一方面，可以最佳化我們的個人形象。但是，如果我們把對別人的幫助當作一種恩惠，並把這種恩惠掛在嘴邊，就會產生適得其反的效果。

接受幫助的人心裡會不是滋味，其他的人也會對我們產生負面看法。

前不久，張雲的家裡出了事，需要用一大筆錢，他在無奈之下向公司另一個同事王樊宇借了兩萬元。但是，從那以後，張雲的苦惱就來了。原來，王樊宇總是在其他人面前提起自己借錢給張雲的事。過沒幾天，全公司的人都知道了這件事，張雲感到十分苦惱。

一次，公司同事聚餐，張雲和王樊宇都參加了，席間大家推杯換盞，頻頻敬酒。王樊宇的酒量不太好，於是拜託張雲幫忙擋酒，張雲一開始也願意相助。但是，張雲擋了兩輪後，其他同事就不願意了，怪王樊宇不應該讓張雲幫忙。王樊宇反駁道：「我和張雲是哥們，他幫我擋酒有什麼不可以。」

本來，張雲聽到這裡心裡還挺高興，誰知，王樊宇繼續說：

「再說，我還借了他兩萬元呢。」張雲聽到這話，當場就變了臉色，他的心裡很不是滋味，聚會結束後就一個人離開了。後來的幾個月裡，張雲靠吃饅頭鹹菜度日，用最快的速度湊齊了兩萬元，還給了王樊宇，他對王樊宇說：「兄弟，你的錢我已經還給你了，還有利息也一起還了，不會讓你吃虧的。」王樊宇這才知道，自己的話無意中傷害了張雲。

很多人都和王樊宇一樣，總希望別人記住自己的恩惠，然後知恩圖報，恨不得幫了別人一次，別人就得感激他一輩子。

這樣的想法實在是要不得，我們要明白，幫助別人並不是對別人「施恩」，而是一種發自內心的行為，應該建立在「我想這樣做」和「我願意這樣做」的意願上。挾恩圖報的行為會讓我們的善意和幫助都變了味，對被幫助的人來說，也會顯得你目的不純。

雖然，幫助別人得到感謝和回報也是在情理之中的，但是感謝的話應該由被幫助的人來說，被求助者不應該把「恩惠」掛在嘴邊，時不時拿出來宣揚和提醒別人。幫助了別人，我們就要把這份「恩惠」忘掉，就算無法忘掉，也不要經常掛在嘴邊。因為，我們每提一次對別人的「恩惠」，對方對我們的感激就會減少一分。長此以往，對方欠我們的人情就會被慢慢抵消了。

—— **2** ——

　　我們身邊有很多喜歡把對別人的「恩惠」掛在嘴邊的人，他們在幫助別人以後，總是在對方面前表現得趾高氣揚，把自己的幫助掛在嘴邊，強調自己的付出，希望對方能給自己豐厚的回報，也希望自己能得到好名聲。在這樣的人心中，接受他幫助的人都是低自己一等的，否則就是忘恩負義。

　　但是，他們卻沒有想到，把對別人的「恩惠」掛在嘴邊，就是在精神上「放高利貸」，會給別人造成巨大的精神壓力。

　　我們應該引以為戒，拒絕這樣的行為，這麼做不僅得不到被幫助者的感恩，還會對自己的形象產生不良影響。把「恩惠」掛在嘴邊的行為，就是白費力氣，出力不討好。

　　幫助別人不應該成為「施捨」，也不應該抱著「我是你的恩人」的想法。小說《靈魂的枷鎖》中有這樣幾句話，令我印象十分深刻：「殺死這孩子的不是他的脆弱，而是援助者的援助，當援助成為施捨與恩典，它不再是渡人於困厄之中的方舟，而是鎖住靈魂的枷鎖。」

　　當幫助變成恩典和施捨，那種受人恩惠的屈辱感，就會成為靈魂的枷鎖，和一輩子都還不清的精神債務，這樣的幫助又有什麼意義呢？有的人也許不是故意要挾恩圖報，而是有口無心，想到什麼就說什麼，用自己的「恩惠」來和對方開玩笑，或者以此來宣揚自己的能耐。

雖然他們沒有惡意，也沒有其他的想法，但沒有想到自己的行為會傷害對方。一個人在向別人求助時，心理上其實已經處於劣勢，心靈也會變得脆弱而敏感。這個時候，哪怕無意間提起的「恩惠」，聽在他們的耳中也帶上了惡意和屈辱感。所以，我們在與自己幫助過的人相處時，要特別注意自己的言語，不要提及自己對對方的幫助。

一個聰明的人，在幫助過朋友以後，就會馬上把這件事拋到腦後，絕不會再提起。就算對方真的已經忘記了，也不會舊事重提。我們也應該做一個這樣的聰明人，就算對方真的忘恩負義，我們靜靜離開就可以了，不要抱著「恩惠」和對方講道理，因為我們是無法叫醒一個「裝睡」的人的。

「恩惠」這種事，越是掛在嘴邊，價值就越低，帶給對方的溫暖和感動也越少。再好的話說 100 遍就成了廢話，「恩惠」也同樣如此，說得次數多了，再大的「恩惠」也會變成負擔和枷鎖。我們幫助了朋友以後，就應該讓這件事過去，知恩圖報的人自然會把我們的幫助記在心裡，至於那些忘恩負義的人，無論我們怎麼反覆提醒，都是毫無意義的。

精準社交

　　幫助了別人，我們就要把這份「恩惠」忘掉，就算無法忘掉，也不要經常掛在嘴邊。因為，我們每提一次對別人的「恩惠」，對方對我們的感激就會減少一分。長此以往，對方欠我們的人情就會被慢慢抵消了。

第 7 章
高情商社交法則 5：
感恩 —— 與外界刻意互動

無論是誰都會遇到困難和挫折，

世上沒有解決不了的困難，也沒有一成不變的人生際遇。

無論外界的環境如何變化，

你都應該用真誠的心對待社交。

在你向他人求助時，不管對方有沒有幫上忙，

都應該真心地說一聲謝謝。

無論對方是困頓窘迫，還是風光得意，

只要他需要幫助，你都應該真誠地出手相助。

以心換心，真誠相交，互惠互利，就是最有效的社交。

謝謝的藝術

—— 1 ——

我們向別人求助，對方答應我們幫忙，最後卻沒能把事情辦成，這是生活中常遇到的事情。有的人心胸豁達，對此毫不在意，雖然對方沒能幫上忙，但依然感謝對方的熱心和仗義。

但有的人卻心胸狹窄，不能理解對方的困難和苦衷，只要事情沒能辦成，就埋怨對方。

第二種人的心態是完全錯誤的，這也是情商低、不會處理問題的表現。對方答應幫助我們，這本身就已經說明了對方的態度，證明對方心中有我們，願意把我們當朋友。即使對方沒能把事情辦成，也有可能是因為某些客觀原因，我們不能因此就否定了對方的努力。

況且，人與人之間的交往和人情往來並不是「一錘子買賣」，這次的事情沒有辦成，以後還要交往，下次也許我們依然有事要求助於別人。所以，就算對方沒能幫我們把事辦成，我們也要心存感激。

一次，我表弟想買一臺電腦，恰好我的一位同學在一家品牌電腦專賣店裡當店長，於是我就拜託那位同學幫我表弟以優惠價買電腦。我同學雖然願意幫忙，但不能保證一定能爭取到

優惠價。結果由於我表弟看中的那款產品賣得比較「熱門」，而又沒有活動打折，所以沒有申請到優惠價。

但表弟和我也並沒有表示失望，反而請同學吃了頓飯，對她表達了謝意。同學非常不好意思，她覺得自己沒能幫上忙，說：「真是不好意思，沒幫上忙。不過年底我們公司會發員工內部折扣卡，表弟如果願意等兩、三個月再換電腦，可以用我的折扣卡，優惠折扣很大的。」我對同學再次表示了感謝。

我知道，以前同學公司發的折扣卡，她都是送給自己的家人，或者賣給別人的，這次卻願意把折扣卡送給我的表弟。我想這是因為我們在她沒能幫上忙的情況下，仍然表示感謝的行為，讓她感到很暖心，於是，她主動提出下次買電腦用她的折扣卡。

試想一下，如果我和表弟沒有對同學表示感謝，甚至怪罪她，那麼她一定不會主動提出下次買電腦可用她的折扣卡。

— **2** —

別人努力幫助了我們，雖然事情沒辦成，但對方也因此付出了時間和精力，如果我們連一句「謝謝」都不說，對方以後就再也不會幫我們辦事了。其實，對方幫助我們不一定是為了得到回報，也不是圖我們的一句「感謝」，但對方一定希望我們明白他的心意。所以，我們要讓對方知道，我們感激他的付出，也領了這份情。

　　做人不光要心懷善意，還要目光長遠。社交是一件長期的事，不要因為對方一次沒幫上忙就冷眼相向，甚至翻臉不認人。這種沒有人情味的做法，是自毀長城，會把那些願意幫助我們的熱心朋友推得遠遠的。這樣一來，我們不僅失去了一個人生路上的助力，也失去了一位值得信賴的朋友。

　　要知道，求人辦事，本來就不可能 100% 成功，我們不能把所有的希望都寄託在別人身上。事情本來就是我們自己的，別人願意幫我們的忙，就已經仁至義盡了。另外，我們還要考慮對方是否有能力幫我們把事情辦成。

　　如果，別人已經明確表示了辦不到，我們就不應該強求。

　　有些人做事時只考慮自己，求人辦事時，也絲毫不為別人考慮，根本不在乎別人有什麼困難，認為只要自己開口，別人就一定要答應，否則就不依不饒，一直鬧到別人無奈地答應為止，這也是求人辦事的大忌。

　　許文的老同學鄭明是一家知名公司的員工，許文找自己的這位老同學，表示自己要到這家公司應徵，希望鄭明能幫忙。

　　但鄭明拒絕了，他說自己只是公司普通員工，沒能力幫這個忙，但是，在許文一再請求下，鄭明只好答應試一試。應徵結果出來以後，許文看自己沒能入選，就對鄭明說：「你這個人真是不夠朋友，這麼點小事都不肯幫忙。」鄭明心裡很不是滋味，於是，他在心裡暗暗打定主意，以後再也不和許文來往了。

每個人都有自己的難處，當我們向別人求助，而對方表示為難時，我們一定要表示理解，千萬不要胡攪蠻纏，強迫對方答應幫助我們，更不能在事後抱怨對方「不盡心」。做生意尚有「買賣不成仁義在」的說法，朋友之間更是如此。別人願意幫忙，那是對我們的情分，不願意幫忙，也是合情合理的，沒有什麼可以計較的。因為能力不足，沒能幫上忙，這也是很正常的。

—— 3 ——

人與人之間的交往應該是自然的，雙方如果都因為這段關係感到了壓力，那麼這段關係就很難長久地維繫下去了。當我們向對方求助時，其實無形中就已經給對方製造了壓力，這個時候，如果我們還不能理解對方，就會讓對方的壓力更大，即便是再深的感情也經不起這樣的摧殘。

所以，我們做事時，要給自己留有餘地，不要把身邊的朋友越推越遠，也不能斷了自己的後路。在對方沒有幫我們把事情辦成時，我們也要感謝對方，這樣既能維繫和朋友的情誼，也能為以後的交往打下良好的基礎。

事沒辦成，也要說謝謝，這是贏得友誼的方法，也是維護人際關係的一件法寶。就算事情沒辦成，我們也要對辦事的人表達感謝和鼓勵，讓彼此的感情更加融洽，為彼此的關係留下進一步發展的餘地，這才是聰明的做法。

精準社交

　　人與人之間的交往和人情往來並不是「一錘子買賣」，這次事情沒有辦成，以後還要來往，下次也許我們依然有事要「麻煩」別人。所以，就算對方沒能幫我們把事辦成，我們也要心存感激。

用禮物贏得好感

—— 1 ——

隨著人們生活水準的提高，大家出門旅遊的機會越來越多。隨著旅遊熱潮的興起，一個問題漸漸成了人們新的困擾，旅遊回來後，到底應不應該給同事和朋友帶禮物呢？如果帶禮物，什麼樣的禮物才合適呢？

我認為，可以在旅遊回來時，為身邊的同事和朋友帶一份小禮物。這份禮物不需要太貴重，它更多的作用是表達我們的心意，表明我們記掛著對方。送同事和朋友小禮物，不但能和他們分享旅途的快樂，還能收穫祝福和友誼。

雨晴在一家商貿公司擔任海外銷售的工作，她前段時間在法國完成了一大筆訂單，公司為了獎勵她，給她放了十天假。

於是雨晴就在法國玩了幾天，回來後她給自己部門裡的每位同事和朋友都帶了禮物，同事和朋友們收到雨晴從法國帶回來的土產、香水、紀念品等禮物時，都非常開心。

雨晴說：「同事們都知道我去旅行了，隨手帶點小禮物，也分享一下旅行的快樂。而且這些禮物並不貴，一點小心意，就能讓大家都開心，何樂而不為呢？」

雨晴的貼心舉動讓同事和朋友們對她更加親近了，平時工

作上遇到了小麻煩，大家都願意幫襯她。而且，同事們出去旅行也會記著給雨晴帶一份禮物。

同事之間每天抬頭不見低頭見，工作也有著千絲萬縷的連繫，搞好關係是非常有必要的。一旦與同事產生了嫌隙，我們的工作勢必會受到影響，嚴重的還會影響到生活。如果能與同事搞好關係，我們工作起來一定會更加順利和輕鬆。

與朋友的關係越融洽，我們的生活就越充實和快樂。如果不關心朋友，我們就會和朋友越走越遠，甚至會失去這份友誼。

因此，透過送一些小禮物，主動增進同事和朋友的距離，是一件很有必要的事。

—— 2 ——

那麼，我們要在旅遊回來後，帶些什麼樣的禮物給同事呢？其實，禮物不用太貴重，心意到了就可以，哪怕只是一張小小的明信片，也能表達我們對同事、朋友的一份心意。不過，雖然說「千里送鵝毛，禮輕情意重。」但是帶什麼禮物給同事和朋友也是有講究的。雖然不必在意價格，也不用與人比較，但也不能隨手亂買。

禮物展現的是我們的心意和關懷，如果過於貴重，則會顯得太刻意，會令收禮的人感到尷尬和負擔。如果禮物送得不合適，甚至會讓對方感到難堪，所以，我們送同事禮物時，最好

從「實用」和「趣味」的角度出發，挑選一些合適的禮物。我們可以選擇以下幾種類型的禮物。

🗨 有地方特色的美食

人都喜歡美食，有地方特色的當地美食，不但實用、有特色，而且這類禮物價格也不會很貴。最重要的是，送當地特色美食，無論哪位朋友或同事都會欣然接受，即使有人不喜歡，也可以轉送給別人。送朋友或同事特色美食，可以說是一種萬能的送禮方式。

🗨 送當地特產茶葉

茶葉，也是亞洲人禮品單上的「萬金油」。很多人都有喝茶的習慣，也有品茶、愛茶的習俗。而且無論對方來自哪裡，年齡多大，送茶葉都不會失禮。即使對方不喝，也可以送給自己的家人或朋友。另外，喝茶有益健康，送茶葉就相當於送健康。

🗨 送生活和工作上的實用小物

我們可以給同事帶一些特色文具或辦公用品，一來對方用得上，二來這樣的禮物送給誰都很合適。對朋友，我們可以送一些生活上的實用小物，最好是選對方能用得上，而且有一定當地特色的。這類禮物不僅實用，而且價格不貴，收禮的人不會很彆扭，送禮的人也送得自然。

☙ 送旅行紀念品

如果我們的旅行目的地是大家不常去的地方，就可以帶一些有特色的旅遊紀念品送給同事和朋友，讓對方感受一下不同的文化和特色。精心選購的紀念品，可以展現我們的品味和巧思，讓這份小禮物顯得更有人情味。

最後，我們還可以帶一些旅遊風景區的明信片。雖然人們現在更傾向於用網路傳送祝福，但明信片依然有它的價值，好看、樸素、具有文藝風，深受白領的喜愛。用明信片寫上祝福和旅遊見聞，然後送給同事，也顯得我們更用心，更有人情味。

總結來說，旅行回來帶給同事和朋友的小禮物，要以「輕鬆無負擔」為原則，也就是說，既要讓收禮的人輕鬆無壓力，也要讓送禮的人沒有金錢上的負擔。只有這樣，才能創造出愉快的氛圍，讓雙方關係更融洽。

—— 3 ——

旅行時，給同事和朋友帶什麼禮物，要根據我們經濟情況和旅遊目的地來定，並沒有一定之規，但是為了避免發生讓彼此尷尬的情況，我們在送禮時要注意以下幾個要點。

☙ 禮物以精緻小巧為宜

太笨重的東西不僅不好帶，而且會顯得太莊重，容易讓對方有負擔。精緻小巧的禮物可以讓對方擺在家裡或辦公桌上，時刻提示對方我們對他的關懷和惦記。

♣ 記得去掉禮物的標籤

雖然同事和朋友不會指望我們旅行回來帶的禮物有多貴重，但是我們最好把禮物的標籤撕掉，一方面是因為禮物標示價錢顯得不禮貌；另一方面是如果禮物價錢不貴，對方看到也許會產生一些想法，認為我們很小氣。

♣ 禮物要送新的

千萬不要送對方「二手貨」，這樣不僅不能和對方搞好關係，還得罪對方。所以，我們送別人的禮物一定要是新的、沒有使用過的。

♣ 給禮物加上美觀的包裝

美觀的包裝能為禮物增色不少，內容和形式並重，更能表現我們的心意，如果隨便用一個塑膠袋裝，就顯得太隨便也不美觀。如果沒有精美的包裝，至少要做到外觀乾淨、包裝完整。

♣ 不要送太私人的禮物

有些禮物太私人，如果關係不夠熟，最好不要送。例如，女性送男同事皮夾，就顯得過於親密；男性送女同事衣服，也是不太合適的。

♣ 送禮物要注意場合和時間

旅行回來送給同事和朋友的禮物一般是人人有份，所以，我們要送就要大大方方地送，千萬不要把某個人落下。送同事

禮物時，如果只給自己部門的同事帶了禮物，就要保持低調。

另外，送同事禮物時，最好利用上班前和下班後的幾分鐘時間，不要占用工作時間。

情商高的人，懂得利用一切機會向同事表達自己的心意，所以旅行或出差回來後，一定會給同事和朋友帶一份小禮物，既不費力，也不費錢，卻能幫助我們獲得同事的好感，拉近與朋友之間的關係。

精準社交

旅行回來帶給同事和朋友的小禮物，要以「輕鬆無負擔」為原則，也就是說，既要讓收禮的人輕鬆無壓力，也要讓送禮的人沒有金錢上的負擔。只有這樣，才能創造出愉快的氛圍，讓雙方關係更融洽。

欲進尺，先得寸

── 1 ──

　　沙漠中行進一天的商隊，晚上露營時，商隊中的一個人搭起了帳篷，他正準備休息。忽然，另一個人伸頭進來，說：「親愛的朋友，外面真的好冷啊，你能不能讓我把頭伸進帳篷裡暖和暖和？」帳篷的主人很善良，答應了這個人的請求。過了一會，那個人又說：「親愛的朋友，我的頭暖和了，但是脖子和背都很冷，你能不能允許我把上半身也伸進帳篷呢？」帳篷的主人又答應了。又過了一會，那個人又說：「我能不能把腳也放進來呢？」因為帳篷實在擠不下兩個人，帳篷的主人只好搬到了外面。

　　在故事中，要求進帳篷取暖的人，可以說是「得寸進尺」，一步一步地讓帳篷的主人同意他的要求，最後反客為主，占用了別人的帳篷。這種行為當然是不好的，但是我們可以從中看到很明顯的「登門檻效應」（Foot in the door effect）。

　　所謂「登門檻效應」，就是當一個人先接受了一個小要求，為了保持形象一致，後面他就有可能接受一個更大、更不情願的要求，這種效應也可以被稱為「得寸進尺效應」。

　　如果，我們一開始就向別人提出一個較大的要求，別人一

定會覺得很難接受。如果我們逐漸提出要求，一步一步地讓對方妥協，人們就會比較容易接受。對方會一再讓步的原因是因為他已經適應了我們不斷提出的小要求，卻沒有發現我們不斷提出的請求，已經離最終目標越來越近了。

這種向別人求助的方式就像我們上臺階一樣，不能一步到位，只有從腳下的臺階一階階開始，一步一步地登上去，才能達到我們的最終目的。

當我們想讓別人做一件事，如果把任務直接全部交給他，往往會讓對方產生畏難情緒，進而拒絕我們的請求。如果我們採取「化整為零」的方法，先提出一個小要求，再一點點地提出後面的要求，別人就會抱著「幫人幫到底」的想法，幫我們做完後面的事。

—— 2 ——

曾經有個人做過一個有趣的調查，他訪問了美國郊區的一些家庭主婦，請每位家庭主婦把一張關於交通安全的標誌貼在窗戶上，然後再在一份關於安全駕駛的請願書上簽名。面對這些小而無害的要求，很多家庭主婦都爽快地答應了。

兩個星期後，這個人再次拜訪了這些家庭主婦，請求她們在自己的院內豎起一個提倡安全駕駛的大招牌。這個大招牌並不美觀，而且還要求保持兩個星期。但是結果表明答應了第一

個請求的人當中有 55% 的人接受了這個請求。這個人又到了另一個地區，對這個地區的主婦們直接提出第二個要求，這次只有 17% 的人接受了這個要求。

這個調查反映人們的一個普遍心理：一開始答應了別人的要求，展現出友善、合作的態度，即使後來對方提出的要求有些過分，也不好意思拒絕。在生活中，我們要想讓別人答應自己的要求，就可以利用這種心理，也就是「登門檻效應」。

如果我們有一件棘手的事要請別人幫忙，最好在提出自己真正的要求之前，提出一個對方肯定不會拒絕的小要求，再一步步把後面的事說出來。或者，我們可以反其道而行之，先提出一個對方一定會拒絕的要求，等對方否定後，再提出真正的要求，這樣可以大大降低被對方拒絕的可能性。

有些二手車經銷商在賣車時會把價格標得很低，等客人準備購買時，再加上各種附加費用，而大部分客人往往會接受這樣加價。二手車經銷商的行為正是利用了「登門檻效應」。如果一開始的價格就很高，客人肯定不會接受。

在工作上和生活中，我們都懂得循序漸進的道理，在麻煩別人時，我們同樣要懂得循序漸進。有人可能會說這是「得寸進尺」，不可否認，我們的確利用了人們的一種普遍心理來達到讓對方答應我們要求的目的。

但是，我們的初衷卻不是要傷害別人，只是要提高「麻煩」

別人的成功率。最重要的是，別人幫助了我們，我們也一定會記得這份人情，並想辦法報答對方。不過，我們在運用這種技巧時，一定要注意，不要招致對方的反感，如果對方已經明確拒絕，就不要再死纏爛打。

另外，我們在循序漸進地向對方提出請求時，還要考慮到對方的實際情況，不要強人所難，要求一些對方做不到的事，或者損害對方的利益。如果在對方不願意的情況下，我們利用「登門檻效應」迫使對方就範了，或者在請對方幫忙的過程中損害了對方的利益，那麼雙方的關係就會從此破裂，我們就會失去一個朋友。

總之，掌握了「得寸進尺」的方法，就是獲得了促使別人答應幫助我們辦事的技巧，我們就會成為一個高等級的「麻煩者」。

精準社交

當我們想讓別人做一件事，如果把任務直接全部交給他，往往會讓對方產生畏難情緒，進而拒絕我們的請求。如果我們採取「化整為零」的方法，先提出一個小要求，再一點點地提出後面的要求，別人就會更容易接受我們的請求。

區別對待，讓每個人都被重視

—— 1 ——

俗話說「知己知彼，百戰不殆」，我們在請別人幫忙之前，一定要充分了解對方，才能掌握好「程度」，既要達到自己的目的，又不讓對方反感。不了解對方，就貿然提出要求，是一種很不明智的行為。

遇到急事，我們不能「病急亂投醫」，隨便開口求人，對方不答應事小，如果給別人留下冒失的印象就不好了。求人辦事之前，一定要了解對方，只有知己知彼，我們才能有針對性地制定行動策略，採取不同的說話技巧。

求人不看對象，是很難把事情順利辦成的，因為不同身分地位、不同性格愛好，甚至不同性別的人都有不同的心理特徵，面對他人的請求，也會做出不同的反應，所以我們必須了解對方以後才能把握分寸，把事情辦成。

《世說新語》中有這樣一則故事：

有個叫許允的人在吏部做官，其間他提拔了很多自己的同鄉。魏明帝知道後，就派人去抓他。在許允被抓走之前，他的妻子趕出來告誡他：「明主可以理奪，難以情求。」這話的意思是：對英明的君主可以用道理說服，卻不可以用感情去祈求他。

　　當魏明帝審訊許允的時候，許允果然沒有哀求皇帝，而是直言道：「陛下的用人原則是『唯賢是舉』，我的同鄉們我最了解，請陛下考核他們的才能，如果不合格，我願意接受處罰。」魏明帝派人考驗了許允提拔的同鄉，發現他們都很稱職，於是就把許允給放了，還賞賜了他一套新衣服。

　　許允的妻子充分考慮了對方的身分和地位，她明白皇帝以國家為大，不可能感情用事。許允只有照事實講道理才有可能說服皇帝，洗脫結黨營私的嫌疑。許允向皇帝陳明了自己的道理，並表示不怕皇帝考驗，以「理」求得了皇帝的理解。

—— **2** ——

　　求人辦事除了要考慮對方的身分和地位，還要注意留心對方的性格。一般來說，一個人的性格特徵會透過動作、表情、言談、情緒等流露出來。例如，快言快語、舉止俐落、眼神犀利、情緒起伏較大的人，往往性格很急躁；熱情直率、活潑好動、反應迅速、愛說愛笑的人，往往性格十分開朗；說話慢條斯理、眼神堅定、表情變化不大、舉止有分寸的人，一般性格都很穩重；那些安靜、不苟言笑、喜歡獨處、不善與人打交道的人，性格一般比較孤僻；而口出狂言、自吹自擂、好為人師的人，往往十分驕傲自負；那些懂禮貌、講誠信、情緒穩定、尊重別人的人，一定是個謙虛謹慎的人。面對不同性格的人，我們要區別對待，具體問題，具體分析。

《三國演義》中，馬超率兵攻打葭萌關時，諸葛亮私下對劉備說：「只有張飛和趙雲兩位將軍才能抵擋馬超。」

張飛聽說馬超前來攻打，就主動請求出戰。諸葛亮卻故意說：「馬超智勇雙全，無人能敵，除非從荊州把雲長喚來，才能與馬超對敵。」

張飛說：「軍師為什麼要小瞧我！我曾經單獨抗拒曹操百萬大軍，難到還會怕馬超這個匹夫嗎？」

諸葛亮說：「馬超這個人英勇無比，天下的人都知道，他渭橋六戰，把曹操殺得割鬚棄袍差一點喪命，絕不是等閒之輩，就是雲長來了也未必能勝過他。」

張飛說：「我自願請戰，如果不能戰勝馬超，我甘願受罰。」

諸葛亮一看，自己的「激將法」發揮了作用，就順水推舟地說：「既然你立下了軍令狀，就以你為先鋒吧！」

諸葛亮針對張飛暴躁衝動的性格，就用「激將法」來說服他，先說他無法擔當重任，再激他立下軍令狀，以此增強他的責任感和緊迫感，激發他必勝的決心，掃除他輕敵的思想。

— 3 —

我們在求人辦事時，對方的身分地位、性格特徵、興趣愛好、長處和弱點、思想情緒等都要關注。但是，對方的身分、地位和性格是最重要的，我們必須優先關注、重點關注。我們

在觀察和了解對方時，要多結合客觀事實，少做一些主觀推斷，只有這樣才能更準確地認識對方。

我們的觀察和了解可以從兩個方面入手。第一個方面是語言。語言可以反映對方的性格特徵和心理活動，還能傳遞對方對事物所持有的態度。從心理語言學的角度來說，談話時常用「果然」的人通常強調個人的主張，會有些自以為是；說話時經常使用「其實」的人，通常都很希望別人能多關注自己，他們的性格中多少都帶有一點倔強和自負；而那些經常使用「最後如何如何」這類語言的人，大多是潛在慾望未能得到滿足的人。

第二個方面是行為舉止和表情。我們透過分析一個人的行為舉止和表情，能夠捕捉到他更真實、更微妙的思想。例如，抱著手臂，表示對方在防衛或者在思考；昂首挺胸，表示對方非常自信；抖動雙腿的動作，表明對方內心有些不安，正在思考對策。如果我們能仔細觀察和總結，就能透過對方的肢體動作了解對方的真實想法。

我們對求助對象的了解，不能只流於表面，還應該主動激發對方的情緒，透過對方情緒的波動，掌握對方的思想動態，並順著對方的思路提出我們的請求和看法，這樣才比較容易成功。

總之，我們在請別人辦事之前，一定要先了解對方，只有這樣才能有針對性地採用合適的方法，讓對方欣然接受我們的求助。

精準社交

　　遇到急事，我們不能病急亂投醫，隨便開口求人，對方不答應事小，如果給別人留下冒失的印象就不好了。求人辦事之前，一定要對對方有所了解，只有知己知彼，我們才能有針對性地制定行動策略，採取不同的說話技巧。

真誠去愛身邊的人

—— 1 ——

在一個人得意的時候，向對方提供幫助，是錦上添花；在一個人失意時，向對方施以援手，是雪中送炭。對被幫助的人而言，錦上添花和雪中送炭，哪一個更為難得，自然不言而喻。

對失意的人給予幫助，即使我們的幫助十分微不足道，只是一個擁抱、幾句鼓勵，都能讓對方牢牢記住我們的這份人情。即使我們並不要求回報，等對方「翻身」的時候，也不會忘記我們當初給予的溫暖和幫助。可以說，雪中送炭的情誼比錦上添花要珍貴百倍。

當年，錢鍾書在寫小說《圍城》的時候，生活過得非常窘迫。為節省開支，夫人楊絳只好辭退了家裡幫傭，親自操持所有的家務。就在這時，當時的著名導演黃佐臨找到了錢鍾書，誠懇地與他洽談喜劇《稱心如意》和《弄假成真》的拍攝，並把稿酬支付給他，幫助錢鍾書渡過了難關。

多年以後，錢鍾書已經功成名就，眾多導演和電影公司紛紛出高價，想購買《圍城》的電影版權，但卻沒有人成功。只有黃佐臨導演的女兒黃蜀芹，不僅拿到了《圍城》的拍攝權，還得到了錢鍾書的親自接見。

　　這讓其他的導演們都很不解，原來，黃蜀芹在拜訪錢鍾書的時候，帶著父親黃佐臨的一封親筆信。於是，錢鍾書想起了四十年前黃佐臨雪中送炭的幫助，他很想回報黃佐臨的這份恩情，就將拍攝權給了黃蜀芹。

　　人在風光得意之時，身邊自然圍繞著一群恭維附和的人。

　　因為，每個人都知道，與一個功成名就的人親近，也會在無形中增加自己成功的機會。建立優質的人際關係，就能接觸更廣闊的舞臺，獲得更多的機遇。

　　但是，卻很少有人願意跟一個落魄又失意、陷於困境的人打交道。因為，跟這樣的人結交，不但不能給自己帶來好處，反而會給自己帶來麻煩。俗話說：「富在深山有遠親，窮在鬧市無人問。」雖然說世上的人情從來如此，但是，在別人風光的時候去依附和恭維，真的能讓對方將目光投注到我們身上嗎？對方真的會在意我們的幫助嗎？答案恐怕是否定的。

—— 2 ——

　　在這個社會上，沒有誰是傻瓜，每個人的心裡都清楚，風光得意時聚集在身邊的朋友，多半是看到了自己身上的光環，想從自己身上得到些什麼。一旦自己失勢落魄，還願意向自己伸出援手，為自己雪中送炭的人，一定是寥寥無幾。所以，「錦上添花」的幫助，通常不會被別人銘記在心。

　　錦上添花，其實就是表面功夫，是那些趨炎附勢或有求於人的傢伙耍的手段。只有雪中送炭才是「真功夫」，才是打動人心的「功夫」。雪中送炭就是一個人最渴望別人幫助的時候，給予他最大的支援和溫暖。對於獲得幫助的人來說，就像萬里黃沙中的一口甘泉，茫茫大海上的一根浮木。

　　生活中，有許多投機取巧的人，他們在別人風光的時候，不太需要幫助的時候，跳出來幫個小忙，企圖賺上一份人情。

　　但卻在對方真正需要幫助時，選擇了隔岸觀火。最終的結果是白忙一場，對方不但不領他的情，反而看清了他的小人行徑，可謂得不償失。

　　我在報紙上看到過這樣一則報導：

　　王偉民是村子裡第一批下海經商的人，也是村裡最先富有起來的一批人，但是他一生沒有子女，也沒有兄弟姐妹。他辛苦打拚一輩子，老了以後卻無人照顧。不過，兩年前村裡唯一的大學生王利群卻把他接到了自己的家裡，像對待親生父親一樣孝順、照顧王偉民。

　　這是為什麼呢？原來，當年王利群剛上國中時，父親在外打工，不幸身亡，母親丟下他走了，家庭的變故讓少年王利群成了一個無人照看的孤兒。善良的王偉民把這一切看在眼裡，於是，他給王利群提供了六年的生活費和學費，一直供王利群讀到高中。王利群考上大學以後，王偉民還給了他一筆錢作為

獎勵。雖然，大學以後王偉民就沒有再資助王利群，但王利群卻始終銘記著這份恩情。

做人不能太功利，不要看到別人風光了、發達了，就使盡渾身解數地討好；看別人落魄了、失意了，就立刻躲得遠遠的。人的一生有高低起伏，不會一直輝煌，也不會永遠沉寂。

我們要把目光放得長遠一點，只有這樣才能讓自己的路走得更遠、更穩。功利心太重的人，少了幾分人情味，很難收穫真正的友誼，更不會獲得別人真心的信任和喜愛。

人情就是財富，多個朋友多條路，千萬不要吝嗇對落魄之人的支援，幫助一個身陷困境的人，也許只需要一點小小的付出就能幫助他度過難關，但我們卻能收穫一份很大的人情，即使對方沒有因為我們的幫助度過難關，我們也無愧於心。

一個人今天落魄，不代表他永遠與成功無緣。我們不妨把人際關係也看成一種「投資」，不要吝嗇那一份小小的幫助。

精準社交

雪中送炭就是一個人最渴望別人幫助的時候，給予他最大的支援和溫暖。對於獲得幫助的人來說，就像萬里黃沙中的一口甘泉，茫茫大海上的一根浮木。

第 *8* 章　社交心法：
讓別人重視你，關鍵在於你的存在感

在日常生活中，你有無數個機會去改善自己的社交狀況，

而有些機會稍縱即逝，

失去它，就會讓關係走向惡化，

抓住它，就能讓關係越來越緊密。

能不能抓住這些機會，取決於你自己的一言一行。

所以，精準社交的基礎是做好自己，

用自己的言行，塑造一個美好的形象。

先學會做自己，再談社交

—— 1 ——

　　每個人的社交樞紐都是自己，社交生活的主角也是我們自己。所以，要想改善自己的社交狀況，就要先認識自己、做好自己。

　　最近有一位朋友給我講了一件發生在他身上的事。

　　這位朋友是一家公司的區域經理，平時一心掛在工作上，是個工作狂。但是，他對社交卻不是很擅長。在公司裡，他很少與同事和下屬交流，總是埋頭做自己的事。

　　上級對他的印象是務實敬業、專業能力強，但不善交際。

　　下屬對他的印象是不苟言笑的嚴厲上司。但是，他本人並沒有意識到其中的問題。直到一次，他的助理對他說：「經理，你知道大家平時都叫你什麼嗎？」

　　「不知道。」

　　「大家都叫你『虎姑婆』，因為你總是很嚴肅，也不和大家說話，公司裡的同事都很怕你。」朋友得知這件事後，十分吃驚，他從來不知道，原來自己的嚴肅和不苟言笑給下屬帶來了這麼大的壓力。

　　助理又說：「你每天早上來到公司，大家都坐在辦公桌前，

你卻從來不和大家打招呼。午休時間，你也不參與大家的閒聊。除了提要求和談工作，你從來不跟大家說一句多餘的話。」

助理的這番話猶如醍醐灌頂，讓朋友終於明白了自己的問題。於是他用對待工作的嚴肅態度，把與下屬和同事交流這件事安排進了每天的行程。每天上午他都會抽出時間，離開自己的辦公室，與下屬聊聊天。午休時，也會和大家聊聊輕鬆的話題。

從此以後，朋友覺得自己的消息靈通了很多，做決策時也更加順利。最重要的是他與公司同事的關係變得更融洽了，大家對他的工作也更加支援了。

過去，我的這位朋友從來沒有意識到自己的不善言談是一個問題，直到助理從旁提醒他要多與人交流，他才察覺到自己的問題。透過自己的實踐，我的這位朋友也感受到了社交的重要性，他明白了，要改變社交狀況，就要先改變自己，從自己做起。

—— 2 ——

我們有很多家人、朋友、同事，他們每個人都與我們建立了關係，如何處理好這些複雜的社交關係，是我們不得不面對的問題。在社交活動中，我們的一舉一動都會對自己的生活產生十分深遠的影響，其中包括我們的工作表現、感情生活、子

女教育和婚姻幸福等重大人生議題。

　　只要對自己的行為稍加注意，我們就能發現行為可以反映人的心理狀態和真實性情。簡單來說，就是行為方式會反映人的性格。例如，一個人的求婚方式、培養孩子的方式、對待下屬的方式，與朋友交流的方式都可以反映他的性格。

　　性格決定我們如何做自己，以及我們會做什麼樣的自己，而如何做自己，對社交來說，是至關重要的。我們所有的社會關係，都與我們自己的行為方式息息相關。我們的言行舉止會影響人際網路的特性，但是我們卻從來沒有想到過，利用自身的特性去發展和影響人際關係。

　　《認識你自己，改變你生活》一書中提及：「自我意識是一個人對於自身的基礎性認知。如同工匠通曉手中的工具，音樂家精通樂器那樣，要想改變自己，首先就要將自身視作變化的載體……要善於發揮自身的特質，首先要認識自己，要對自身有個整體認識。」由此可見，只有認識了自己，我們才能有意識地改善自己的人際關係。

— **3** —

　　我們要經常留意自己的行為是否妥當，還要思考自己應該如何進行調整和改善。這需要我們在日常生活中用心發現和總結，這樣的總結於人於己都是十分有利的。就像本節開頭提到

的我那位經理朋友，他以前「目空一切」，不與同事交往的行為，會傷害自己的人際關係，但當他察覺到自己這種行為不妥以後，就開始留心自己平時的言行，他的社交狀況也隨之發生了改變。

如果我們不留意自己的言行，屢屢冒犯別人而不自知，這些粗心大意的行為就像是日常社交中的慢性中毒，會無聲地侵蝕我們的人際關係。行為方式可以決定人際關係的「生死」，我們必須認識自己，改善自己，做好自己，才能獲得和諧的人際關係。

那麼，我們應該怎樣做呢？我們可以從以下三點開始做起。

確定自己需要在哪些方面進行完善

我們要先覺察自己的行為，確定自己有哪些行為需要改善。不過，能做到自我覺察的人畢竟是少數。所以我們要善於聽取別人的意見，本節開頭中我那位朋友也是經過助理的提醒，才意識到了自己的問題。如果，我們對別人的意見置若罔聞，那麼我們就永遠也不可能做出改變。

但是，能改善自己人際關係的只有我們自己，任何人都無法代替我們去完成。與同事、家人、朋友的正確相處方式只有靠我們自己去摸索。我們的人際關係在我們自己的一言一行中被建立和發展，也有可能因為我們自己某個不恰當的舉動而分崩離析。所以，我們要留心去發現自己有哪些弱點，然後再想

辦法去改善。

我們每天都在和自己相處，我們有一生的時間去了解自己。所以，對自己的覺察應該是伴隨我們一生的。我們常常說，年齡越大越人情練達，這就是因為我們在不斷地觀察自己，完善自己。

改變自己在社交中的為人之道

如果我們下定決心改變，就要從改變自己的為人之道開始。不過，人的行為是有慣性的，要自己改變有一定難度。所以，我們可以請一位「社交助理」幫助我們，這位「社交助理」可以是我們親近的家人，也可以是關係很好的朋友。

我們可以請「社交助理」觀察我們在社交活動中的一言一行，幫助我們改正不妥當的地方，同時，也可以請「社交助理」觀察我們在社交活動中的「耀眼時刻」，我們可以在以後的社交中把這些「耀眼時刻」延續下來，形成自己為人處世的風格。這樣一來，我們既能修正自己的行為，又能形成自己的個人特色。

善用自己的個人標籤

我們的言行對人際關係有著重大影響，決定著人際關係的「生死」，同時也彰顯了自己的個性。每個人的個性就是我們的個人標籤。例如，有的人快言快語，有的人熱情仗義，還有的人沉穩可靠。

我們要善用自己的個人標籤，展現自己的個性魅力，讓自

己在社交中具有更大的吸引力。不過，我們要注意的是，個人標籤是透過行為表現出來的，嘴裡說的再好聽也是沒用的，只有言行一致才有說服力。例如，有的人天天標榜自己慷慨大方，但是平時的行為上卻斤斤計較，別人只會覺得這個人虛偽。

我們每天都有改變人際關係的機會，而能否抓住這些機會，取決於我們自己。只有做好自己，我們才能改善自己的人際關係，讓自己的社交充滿正能量。

精準社交

我們平時的一言一行可以決定人際關係的「生死」，我們必須要認識自己，改善自己，做好自己，才能獲得和諧的人際關係。

用人格魅力銘刻屬於你的社交印記

—— 1 ——

莫妮卡是美國西南航空公司的一位空姐，她之所以選擇這樣一份職業，是因為一段終生難忘的經歷。可以說，這段經歷影響了她的人生軌跡。

那一年，莫妮卡剛接到西南航空公司的聘用通知，但她的內心仍然很猶豫，是不是應該選擇這份工作。她當時正在機場的候機大廳準備登機。突然，人群中傳來一陣哭聲。原來，是一位即將獨自乘坐飛機的小女孩害怕得哭了起來，和媽媽的分離令小女孩感到惶恐不安。

這時，陪在小女孩身邊的空姐拿出了自己的電話卡，開始教小女孩使用機場的公用電話，小女孩學會之後，給外婆打了個電話。在電話中，小女孩的外婆再三保證一定會準時到機場接她。經過外婆的安撫，小女孩的情緒終於平復了下來，並十分乖巧地在那位空姐的陪伴下登上了飛機，並且在接下來的旅程中也沒有再哭鬧。

那位空姐的舉動不僅安撫了小女孩，也讓莫妮卡的人生發生了改變。那位空姐那一刻的善意讓莫妮卡深受感動，她決定接受西南航空公司的聘用。那位空姐給莫妮卡留下了充滿正

能量的印象，用自己的人格魅力在莫妮卡的生命中銘刻了一道印記。

其實，在社交中，也有無數個這樣的時刻。我們會因為別人的某句話、某個舉動，而深受感動，別人也會被我們的言行所影響。能否在社交中給予他人正能量，取決於我們的人格魅力。

人際關係是否能夠長久和牢固，相當程度上取決於雙方對彼此的印象，也就是雙方銘刻在彼此腦海中的社交印記。凡走過，必留下印記，我們的有些舉動雖然是無心的，但是卻會在一段關係中留下糟糕的印記，導致關係的破裂，讓彼此都十分遺憾和失望。

那麼，我們要如何防止這種情況的發生呢？我們知道人際關係狀況取決於人的行為。我們的一言一行全部都印在別人的腦海中，形成對我們的印象。別人對我們的印象決定了我們和他之間的關係。所以，我們有很多可以讓別人改變印象的機會，也有很多改善人際關係的機會，我們對這些機會的利用程度決定了我們的人際關係狀況。

—— 2 ——

改變印象，銘刻社交印記的關鍵在於抓住人際關係的賽點，有一些賽點是顯而易見的，只要我們做出正確選擇，就能

給別人留下好印象。例如，在與別人初次見面時，熱情主動地與對方打招呼；或者接受別人幫助時，及時表示感謝並找機會回報別人。

而有些人際關係賽點，卻稍縱即逝，甚至要錯過以後我們才會明白，原來我們曾經有機會改善一段關係。例如，商家因為自己的某些行為失去了客戶，當時沒有意識到自己的錯誤，在事後分析時才明白自己的某些做法導致了客戶的流失。

面對錯失的機會，我們常常感到後悔和沮喪，難道我們就只能被動等待嗎？當然不是！我們不要一味地被動等待機會，還要主動創造機會，給對方留下好印象，用我們的人格魅力在對方的心中留下深刻的印記。例如，送朋友小禮物，幫自己的伴侶做一頓美食，和同事分享零食，主動向上司彙報工作等。

這些好方法都可以讓我們主動地給對方留下好印象。

一次，我給一個朋友小薇打電話，我問她：「你在幹什麼呢？」

小薇說：「我在做飯啊，今天我男朋友要到我家吃飯，我要讓他嘗嘗我的手藝。」

小薇的話讓我很驚訝，要知道她一向信奉「大女人主義」，認為女人應該追求自己的事業，不應該圍著老公和孩子轉。所以，她從來不會給男朋友做飯，之前談的那個男朋友也是因為小薇性格太強勢而分手的。

我好奇地問道：「你為什麼會想到給男朋友做飯呢？」

小薇說：「我現在想為他做飯，是因為我覺得他很辛苦，想讓他開心一點。」

我高興地對小薇說：「太棒了！小薇！你抓住了人際關係的賽點！」

小薇：「什麼？」

我：「人際關係賽點，就是會對雙方關係產生影響、能讓對方產生好印象的機會。面對這樣的機會你有三種選擇，可以爭取之後再錯過，也可以直接放棄，或者成功地把握它。你就成功把握了鞏固你們之間感情的機會。你真是太厲害了！」

小薇沉默了：「為什麼我以前沒有想到過呢？我之前的戀愛就是這樣失敗的嗎？」

和小薇的談話也點醒了我，讓我仔細回想了自己和家人、朋友、同事的相處，我發現自己錯過了許多人際關係的關鍵賽點，也錯失了很多影響別人、給別人留下好印象的機會。我決定在以後的生活中，也要主動創造機會，改善自己的人際關係狀況。

—— 3 ——

人際關係賽點每天都會出現很多次，可以說，每當我們與別人打交道時，賽點都會出現。我們在和客戶、同事打交道

時、與家人、朋友相處時，他們都會出現。每個關鍵賽點都會用不同的方式決定人際關係的走向，如果我們成功把握住了關鍵賽點，就會對這段關係造成促進作用。但如果忽略或放棄關鍵賽點，就會對人際關係產生負面的影響。

　　關鍵賽點可以組成各式各樣的人際關係，而我們在關鍵賽點的表現，會給對方留下或好或壞的印象。我們可以找到那些和自身形象相關的賽點，然後好好把握和利用這些賽點，就能成功塑造自己的正面社交形象，促進我們與別人之間的關係。

　　關係的產生和建立，也許需要一些機遇和緣分，刻意強求不來。但是一段關係如何發展，最終走向何方卻是由雙方的行為決定的。在社交中，如果我們想讓一段關係有好的發展，就要注意自己的言行，用自己的人格魅力影響別人。

精準社交

　　面對錯失的機會，我們常常感到後悔和沮喪，難道我們就只能被動等待嗎？當然不是！我們不要一味地被動等待機會，還要主動創造機會，給對方留下好印象，用我們的人格魅力在對方的心中留下深刻的痕跡。

在社交中突出自己的存在感

—— 1 ——

在一次會議中，老闆問公司的高層管理者：「作為一名公司管理者，你覺得自己最重要的任務是什麼？」大家紛紛發言，有的人說領導者的主要任務是提高公司利潤，有的人說是幫助員工高效率地完成工作，還有的說是知人善任。坐在會議室後方的張惠語氣堅定地說：「憑藉自己的影響力，去影響客戶和下屬，改善與他們之間的關係。」

張惠的話令會議室變得一片安靜，也沒有人再接話，大家好像屏住了呼吸。接著，大家不約而同地鼓起掌來。

張惠的答案是正確的，管理者最重要的任務就是用自己的影響力，影響身邊的員工。這個答案也同樣適用於社交當中。

人際關係的建立，就是用自己的影響力去影響別人。而在社交中施加影響力的途徑，就是突出自己的存在感。

我們每個人都是客觀存在的，無論我們在哪裡，都要占用一定的空間，無論我們在哪裡生活過，都會留下自己的印記。

但心理上和社交中的存在感，卻是無形的，如何在社交中突出自己的存在感，需要我們每個人認真地去學習。

在社交中，存在感越強的人，影響力也就越大，人們在交

往時，會互相影響，並且能在影響的過程中改變自己。對我們大部分人來說，如何利用影響力去改善自己的社交狀況，是一個大問題。

我們作為普通人，都不覺得自己有什麼影響力，也不會注意自己的言行。這是因為我們沒有發現自己在日常生活中的一言一行都是在對別人施加影響力。

我在上國中時，曾經有一位老師，對我和當時的同學們都產生了很大的影響。我記得那位老師姓唐。唐老師是我們的語文老師，他上課幽默風趣，講解深入淺出，很受同學們的喜愛。唐老師很關照班上的困難同學，經常幫助他們，為他們墊付教輔資料費用，還常常請這些同學到自己家裡吃飯。

一次，班上有一位同學的錢包被偷了，大家議論紛紛，同學們都在猜測是誰偷了錢。當時的班長提議讓大家拿出自己的書包，和同桌互相檢查。唐老師知道後，制止了大家，他說：

「不管是誰拿了別人的錢包，我都準備給他一次機會，明天之內，把錢包放到教室講臺的抽屜裡，我就不追究了。」過了一天，唐老師果然在教室講臺的抽屜裡找到了丟失的錢包。

唐老師拿到了錢包後說：「我很高興，今天能在這裡看到這個錢包。表示拿錢包的人知錯能改，沒有讓我失望。」唐老師的言行給我們上了生動的一課。很多年以後，唐老師的寬容和善良依然影響著我，讓我在為人處世中常常記得為別人著想、寬

容他人的過失。

這就是人與人交往中產生的影響力。我們可以回想一下，自己在社交中有沒有影響力呢？我們是怎樣影響別人的？別人又是怎樣影響我們的？這幾個問題很重要，因為，影響力關係著我們在社交中的存在感。

—— **2** ——

影響力越大的人，在人際關係中存在感就越強。我們不妨回想一下，那些對我們來說影響力很大的人，他們無一例外都有著很強的存在感，就像上面提到的唐老師，即使過去了很多年，他在我們心中仍然留有很深刻的印象。

所以，如果我們想提高自己在社交中的存在感，就要提升自己對他人的影響力。而且，影響力是可以傳遞的，例如，唐老師影響了我，而我也用自己的行動影響了別人。透過這樣的傳遞，我們的影響力就會越來越大，存在感也會越來越強。

那麼，我們要怎樣提高自己的影響力呢？下面有幾種方法。

為自己找一個榜樣

我們可以回想一下，那些對自己來說影響力很大的人，他們的身上有哪些特質？他們在待人接物時是怎樣做的？我們可以透過學習和模仿來提升自己的影響力，把別人帶給我們的正面影響，慢慢傳遞下去。

🎤 做到言行一致

要想提升自己的影響力，就要做到言行一致、說到做到，才能展現自己的品格和德行。一個言行不一致的人，會失去別人的信任，得不到別人的信任，就無法影響別人。所以，言行一致是提升影響力的基礎。

🗣 具備學習和思辨的能力

要想具備一定的影響力，我們就要了解身邊的人，了解我們生活的環境。我們要運用敏銳的觀察力和洞察力，了解身邊人的舉動和心理訴求，還要保持學習和進步，了解社會發展的趨勢和邏輯。此外我們還要保持獨立思考的能力。沒有學習能力和思辨能力的人只能人云亦云，是不可能具備影響力的。

🗣 遵從互惠原則

我們在社交的過程中必須遵循互惠原則，只有這樣才能建立良好而和諧的人際關係。而影響力的作用是建立在和諧的人際關係上的。如果無法建立和經營人際關係，我們就不能對別人施加影響。

而且，我們之所以有影響力和存在感，是因為別人對我們的在意。正是因為別人在意我們，把我們放在心中特殊的位置，我們對他來說才有影響力，我們在他們的生活中也會具有強烈的存在感。別人對我們的這份情誼，我們也要以心換心，用自己的真心來回報對方的厚愛。

　　影響力是在與他人相處的過程中慢慢形成的，我們需要別人來成就自己，也要為他人服務，在與人相處的過程中塑造自己，找到自己的存在感。

精準社交

　　影響力是在與他人相處的過程中慢慢形成的，我們需要別人來成就自己，也要為他人服務，在與人相處的過程中塑造自己，找到自己的存在感。

勇於示弱

— 1 —

我們身邊有一種很討人厭的人，這種人好為人師，驕傲自大，自以為是。但是孟子說：「人之患在好為人師」，這也就是說「好為人師」是人的一種共同性，生活中的大多數人有這種愛好。我們在社交中，可以巧妙地利用這種共同性，多向別人請教問題，塑造在他人面前的良好印象。簡單來說就是，請教他人，能獲得他人的好感。

小董剛進公司不到三個月，雖然他是職場新人，但他在工作上任勞任怨、踏實肯做，又很有幾分聰明勁，所以他深受上司的青睞。上司經常指導他的工作，並很快分派給了他一個重要的任務。

接到這個任務以後，小董進行了周密的分析和調查，並形成了若干的方案，又逐條分析了利弊，最後才向主管請教應該是用哪個方案。其實，小董自己心裡已經有了答案，主管也對他的方案表示了認可，準備採用他的方案。此時，他又向主管請教應該實施那個方案。看到小董的舉動，主管在心裡想：「小夥子不僅能力強，而且情商高，是個好苗子。」於是，就放手讓他去做，自己在後面支援他。

過了半年，由於工作出色、態度謙卑，主管破例提拔小董當了經理，並且還專門跟其他幾個部門經理打招呼，讓他們多幫助小董。所以，小董在工作中常常能夠得到其他部門的配合和支援，讓他的工作發展得非常順利。一年以後，小董又順理成章地升遷了。

—— 2 ——

經常請教別人，能向對方釋放一種訊號：在我心中，你是一個很有能力的人，你看，我又來向你學習了。如此一來，對方就會產生強烈的成就感和榮譽感，會覺得自己受到尊重，自己的能力也得到了認可。自然而然地，對方就會對我們產生好感。

在社交中，很多人都心高氣傲、恃才傲物，不把前輩、同事看在眼裡，甚至連主管和長輩都看不上，認為對方不過是運氣好才當了主管，或者因為年齡大才獲得尊重，換了自己也一樣能行。這樣的人是非常不討喜的，也很難獲得別人的好感和賞識。

雖然，有一些主管、朋友、同事甚至父母、長輩，他們的學歷不如我們，某些方面的能力也不比我們強。但是他們也有自己的長處，我們怎麼能保證，自己每個方面都能勝過對方呢？與其盲目自大，端著「高人一等」的姿態，不如遇事多向別

人請教，這樣不但能提升自己的能力、開闊自己的眼界，還能給別人留下很好的印象，可謂是一舉兩得。

生活中有無數個例子都向我們證明，那些勤學多問、善於請教的人更容易得到好感和賞識，也能擁有更和諧的人際關係。因為提問能顯出我們的求知慾和謙遜，特別是在職場上，善於提問的人顯得更有工作熱情，也更加誠懇和謙虛。試問，這樣的人誰不喜歡和他交往呢？

千萬不要認為提問會讓自己丟臉，也不要認為提問是麻煩了別人。殊不知有的人是很喜歡別人向自己請教的。因為這樣能充分展現出他們的價值，以及他們的高明之處。向別人提問也是一種變相的讚美和認可，像這樣聰明的提問和請教，別人不僅不會覺得麻煩，反而會欣然接受。反倒是那些不懂裝懂、什麼都不問的人會讓別人覺得他在「打腫臉充胖子」。

另外，向別人請教和提問還可以作為一種交際手段，我們在和對方溝通交流時，如果對方透露出自己擅長的事情，我們可以順勢請教對方，這樣就會勾起對方交談的興致，讓對方對我們產生好感。

無論在職場上，還是在生活中，我們都不要做出一副什麼都懂的樣子，即使真的懂，也不要表現得鋒芒畢露，更不要去搶別人的風頭，這樣惹人厭煩的行為會讓我們失去好人緣。當然，裝不懂也是需要一定技巧的，並不是要真的裝作什麼都不

懂，這樣反而太過，而是要顯出謙遜的態度，給別人留下發揮的空間，然後再請教別人，讓對方對我們產生好感就行了。

── 3 ──

請教別人也要講究正確的方法，如果不講究方法亂問一通，很可能會造成相反的效果。請教別人，一方面是為了讓我們自己有所提升；另一方面為了展現我們的謙遜，贏得別人的好感，所以我們在請教別人時要注意以下幾點：

表現出熱情和興趣

向別人請教時，我們要充分表現出自己的熱情和興趣。要知道，我們的好奇心可以最大程度上地滿足對方「好為人師」的心理。如果我們的提問既不熱情，也沒有表現出強烈的興趣，對方為我們解答問題的熱情也一定會減少。

先思考再提問

我們在請教別人時，要尊重對方的時間和精力，不要提一些「沒營養」的問題。即使我們真對某個領域不太了解，也可以先查閱一些資料，或者先思考一下，再向別人請教。這樣可以讓我們自己更好地消化吸收，對方也可以有針對性地解答我們的問題。先思考再提問，是對知識的尊重，也是對對方的尊重。

🐾 不恥下問，虛心求教

孔子說「三人行，必有我師」。無論對方是誰，一定有值得我們學習的長處，千萬不要因為對方某一方面不如我們，就不願意向對方請教。對任何人我們都要做到不恥下問、虛心求教。謙虛好學的人永遠都有進步的空間，也更容易獲得別人的好感。

🐾 態度謙虛，有禮貌

請教別人也是求人辦事的一種，既然是有求於別人，我們的態度就要謙虛，還要注意禮貌，「你好」、「請問」、「謝謝」，這類禮貌用語千萬不能少。有的人在請教別人時，還擺出一副高高在上的姿態，這樣做不僅不會贏得好感，還會招致反感。

🐾 勇敢邁出第一步

《別獨自用餐》（*Never Eat Alone*）的作者基思・法拉奇（Keith Ferrazzi）在書中說：「提要求沒什麼難的，最壞的答案也不過是不答應而已。」已經知道了最壞的結果，我們就能勇敢邁出第一步，開口向別人請教。萬事開頭難，只要勇敢邁出了第一步，我們就會發現請教別人沒那麼可怕。

成就感牢牢地根植於每個人的心中，當別人向我們請教時，我們也會有成就感，因為這證明了我們某些方面的長處，也表示我們收到了別人的重視。當我們向別人請教時，別人也會有相同的心理感受。所以，在社交中，我們要善於請教別人，做對方的忠實聽眾，給對方表演的舞臺，以此拉近雙方的關係。

精準社交

　　在人際交往中，我們要善於請教別人，做對方的忠實聽眾，給對方表演的舞臺，以此拉近雙方的關係。

熱情，可以最大限度地打動別人

—— 1 ——

當一個人有無限熱情時，他可以做成任何事，熱情可以讓一個人發揮最大的潛能。當我們被慾望支配時，就會變得渺小；當我們被熱情激發時，就會變得偉大。托爾斯泰（Leo Tolstoy）說：「一個人若是沒有熱忱，他將一事無成。」在社交中也是如此，熱情，可以最大限度地打動別人。

我們每天的生活中，都會和陌生人接觸，在有些場合中，我們必須主動熱情地與別人交流。因為只有表現出熱情，才能更順利地結交新朋友，熱情是人與人之間的黏著劑，能讓我們快速地與別人打成一片。

絕大多數人都喜歡與熱情友好的人交往，特別是在大家都不是很熟悉的情況下，熱情的人更具有吸引力。因為熱情也意味著接納，大家都害怕被拒絕，當然會優先選擇與熱情的人打交道。保持熱情，面帶微笑，我們就能拉近與別人的距離。而且，熱情主動的人，往往也會成為話題的主導者，在人際關係中起主導作用。

—— 2 ——

首先，我們要讓別人看到我們的熱情，感受我們的溫暖。

這樣會讓我們輕易贏得信任，和別人交流也會變得更容易。

和陌生人打交道最多的職業莫過於銷售員，吃閉門羹對他們來說是一件很平常的事。但為了打動客戶，他們必須拿出自己的熱情，主動地與陌生人打交道。我有一位朋友就是一位銷售員。他說自己的成功祕笈就是熱情和主動。

「現在的產品都是大同小異的，顧客在哪裡買都是一樣的。唯一的區別就是銷售員的態度，熱情和主動才能打動客戶。如果顧客問一句，銷售員才答一句，那顧客就會認為自己不受歡迎，也不願意再找這個銷售員買東西了。」

其實，保持熱情很簡單，一句善意的問候，一個美麗的微笑都能讓人感覺到溫暖。別人遇到困難的時候，主動幫忙；向別人求助了，及時道謝；碰到想結交的人，主動上前搭話等，都是熱情的舉動，我們在平常的生活中是很容易做到的。

如果我們總是表現得很冷漠，別人就不願意主動和我們打交道，也不願意向我們求助，畢竟誰都不想被拒絕。

其次，人與人的交往是雙方的互動，我們要主動向別人介紹自己，才能得到對方的響應。

性格開朗的露露就是靠著主動熱情地搭話，認識了自己的男朋友。

　　那一次，露露參加一個當地美術館舉辦的單身園遊會活動，在活動中，她對其中一位英俊的男士產生了興趣。抱著試一試的想法，露露主動走到那位正在欣賞繪畫的男士旁邊，說：「我也很喜歡這幅畫，我覺得它比其他的畫都好。」露露說完後，不等男士回應，就轉身離去了。

　　來到另一個展覽廳，露露站在一幅畫前，那位男士來到了她身邊，說：「這幅畫比剛才那幅還要好。」

　　露露微笑道：「我不太懂美術，你能給我講講嗎？」

　　那位男士欣然答應，帶領著露露欣賞美術作品，並一起共進晚餐。後來，那位男士就成了露露的男朋友。其實，露露的男朋友當天已經觀察了她很久，但卻不敢主動上前跟露露打招呼。如果不是露露主動採取行動，兩人恐怕就要錯過這段美好姻緣了。

　　我們都知道，如果遇到自己心儀的對象，要主動與對方打招呼，才能贏得對方的好感。其實，交朋友也是如此，面對主動熱情的人，我們會不由自主地給對方積極回應。這就是熱情和主動的感染力。

　　最後，彼此熟悉能增加人際關係中吸引的程度。

　　如果其他條件基本相同，人們會傾向於選擇與鄰近的人交往。物理空間距離較近的人，見面的機會比較多，容易與對方變得熟悉，進而產生吸引力。越熟悉的人，心理上的距離也就越

近，常常見面也便於彼此加深了解，促進雙方互相信任和喜歡。

我們常說「遠親不如近鄰」，就是因為我們和鄰居接觸得多，和相隔距離較遠的親戚接觸得少。接觸多的人，熟悉程度高，我們自然會對他產生親近感。而接觸得少的人，我們就會對他感到生疏。

可見，人與人交往得越多，彼此的關係就會越來越親密。

如果我們要想與別人建立關係，就要主動與對方多接觸，多連繫。我們每和對方接觸一次，對方對我們的印象就更深一點，彼此也會越來越熟悉。

— **3** —

很多人都懂得這個道理，但卻不知道到底應該怎樣主動與別人打交道，也不知道如何主動地與別人保持連繫。很多人表示：「我不是不友善、不熱情，我只是太害羞了！」還有人說：「我不是不好相處，我只是不好意思主動找你！」可見，「害羞」和「不好意思」都是我們表達主動和熱情的障礙，我們應該盡量克服這道障礙。

無論是與朋友、鄰居相處，還是和客戶、同事相處，平時主動連繫對方都是很重要的。因為建立關係最基本的原則就是：與別人保持連繫。而主動和熱情則是保持連繫的法寶，只有熱情主動的人，才能打動別人，和對方成為可以互相幫助的朋友。

精準社交

　　保持熱情很簡單，一個善意的微笑，一句體貼的話語都能讓人感覺到溫暖。別人有麻煩的時候，主動幫忙；麻煩了別人，及時道謝；碰到想結交的人，主動上前搭話等等，都是熱情的舉動，我們在平常的生活中是很容易做到的。

第 *9* 章
讓社交為人生賦能

海明威在詩中說道：

「沒有人是一座孤島，可以自全。」

不要把自己活成一座孤島，

也不要讓封閉的心隔絕了生命中的陽光。

只要伸出雙臂，你就會被生活擁抱，

只要你願意開口，身邊的朋友就願意為你伸出雙手。

有愛、有溫度的生活，都免不了社交，

那些愛你的人都會說：

「喜歡和你交往！」

如何不活成一座無人問津的孤島

— 1 —

《請回答 1988》是我最喜歡的韓劇之一，劇中那充滿溫情的故事至今仍然令我動容。

善宇的奶奶將善宇一家居住的房子抵押給了銀行，被蒙在鼓裡的善宇媽媽直到收到了銀行通知才知道真相。然而，家境本來就很貧寒的善宇一家，並沒有足夠的能力在所剩無幾的時間裡，籌集到還銀行的那一大筆錢。眼看著房子就要被銀行收走，善宇媽媽急得像熱鍋上的螞蟻。

當時，居住在雙門洞的那幾家鄰居中，只有阿澤一家能夠拿出那麼一大筆錢。儘管善宇媽媽和阿澤爸爸平日裡關係很不錯，善宇媽媽卻因為害怕丟人，始終沒有開口請求幫助。

後來，善宇的舅舅在醫院看望生病住院的阿澤爸爸時，無意中道出了善宇一家所面臨的困難。阿澤爸爸得知事情真相後，主動提出了幫助善宇一家，並且對不願意開口請求幫助的善宇媽媽說了這樣一番話：

「人活著，有的事情需要欠人情，麻煩別人；別人都那樣活著，不要一個人憋著。」

那一刻，阿澤爸爸真的棒極了。這句話，也一直深深地影響著我的社交。

—— 2 ——

在生活中，相信大家都曾經有過這樣的經歷：

去商場裡買鞋子，試穿了很多都不滿意，但是因為覺得耗費了店員很多時間而很不好意思，所以抱著湊合的心理買下了其中一雙；

心情不好想給某位朋友打電話聊聊天，號碼還沒撥完，又擔心這樣打電話過去，會打擾別人的工作，於是默默收起了手機；

想網購一件衣服，明明對尺碼拿捏不準，卻寧願自己去研究也不願意和客服深入地聊一聊，總覺得那樣很麻煩別人；收到貨後，即便沒有那麼滿意，可為了圖個清靜，還是選擇了簽收……

曾經，我也是一個執著於「沒事別打擾別人」的人。記得初入職場時，因為是新人，我總是埋頭苦幹，即便有不懂的地方，也不敢向別人求助。這樣的做法，讓我吃盡了苦頭，明明請教別人，一分鐘就能解決的問題，我偏偏要自己研究，有時候一、兩個小時都搞不明白，工作效率極低不說，還總是出錯。

後來，主管找我談話，問我為何工作總是沒有起色。我委

屈地說：「很多東西都不懂。」

主管詫異地問：「不懂為什麼不問呢？」

我只好如實回答：「我看大家都很忙，我不想給別人添麻煩，想自己努力試試看。」

結果可想而知，我被主管狠狠罵了一頓。在我看來，遇到問題不請教是在體恤別人，是為了不給別人添麻煩，但是在主管看來，我每次悶不吭聲，影響的卻是工作效率和工作成績。

和主管聊完後，我回去認真地反思了一下，我發現，「萬事靠自己」的處事方式似乎並沒有為我贏得同事的好感，相反還造成了我和同事的疏離，讓我離團隊越來越遠，讓我在職場上屢屢受挫。

想明白這些以後，我便做出了改變。在工作中，當我再遇到問題的時候，我會主動熱情地請教那些資歷老、經驗足的同事。我發現，其實在我請教的過程中，大家並沒有冷眼相對，或者不耐煩。相反地，大家總是特別有耐心地手把手教我。並且在這個過程中，我和同事的關係也漸漸融洽了。

記得一次，我因為一個數據方面的問題請教辦公室一位大姐的時候，大姐對我說：「以前總是看你一個人埋頭苦幹還以為你不愛搭理我們，後來才發現原來你是怕影響我們工作，其實沒關係的，我們不怕幫你解決問題，我們就怕你遇事一個人扛著，誰都是從那個階段過來的，我們願意幫助你！」一席話，說

得我熱淚盈眶。

從那以後，我明白了一個道理：不打擾別人，不一定意味著替人著想。相反地，它會拉遠我們與別人的距離。一個披著堅強外衣，「萬事不求人」的人，只會將自己活成一座無人問津的孤島，慢慢失去精準社交的能力。

— 3 —

我記得中國綜藝節目《奇葩說》中有這樣一個辯論題目：不給別人添麻煩，是不是一種美德？

事實上，這是一個很大的話題，它不僅涉及我們與好友、戀人和親人的相處問題，更是一個關於獨立和依賴的選擇問題。

如果時間倒退五年或者更久一點，在我還尚且青澀的時候，當我遇到這個辯題，我一定會毫不猶豫地選擇站在正方的立場，認為不給別人添麻煩是一種美德。那時的我，也確實是這樣做的。

然而，如今的我，在生活的磨礪中早已逐漸成熟。我發現，當我們過分強調獨立的時候，往往會矯枉過正。漸漸地，我們便失去了依賴的能力，我們與他人便越來越疏離，我們會過得越來越孤獨，我們與周圍人的關係，也會越來越緊張、越來越淡漠。

然而，這真的是我們要想的嗎？

　　不得不說，過分獨立其實是具有一定的危險性的。一方面，它阻擋了別人靠近我們的步伐，剝奪了我們和他人之間建立連線性的可能；另一方面，它也促進了我們內心高傲和不可一世心態的滋生。

　　薇薇是我從小就認識的朋友，大學畢業後，我們來到了同一個城市打拚，並且在機緣巧合下住進了同一個小區。平日裡，我們經常走動，不是她邀請我去她家吃飯，就是她到我家做客。有一段時間，我工作很忙，常常趕稿到凌晨，週末也鮮少有休息。於是，我和薇薇很長一段時間都沒連繫。

　　一次，我出差時順道回家看望爸媽，媽媽突然問我薇薇最近怎麼樣？我說我也不知，最近沒連繫。

　　我媽聽後吐槽說：「你們不是住同一個小區嗎？怎麼會不連繫，這低頭不見抬頭見的都不連繫，算什麼閨蜜啊！」

　　出差回來後，我想著一定要抽時間和薇薇連繫一下，沒想到，薇薇當天晚上就給我發了訊息，問我在不在家，要來給我送水果。

　　見面後，我和薇薇聊到了我媽對我們的吐槽。薇薇笑著埋怨到：「是啊，每次都是我連繫你，你從來就不主動找我的。」

　　我笑了笑說：「我怕你忙呀。」

　　薇薇突然就認真了：「忙是藉口嗎？要不是我這次沒忍住藉著給你送水果的理由連繫你，說不定你永遠也不會連繫我呢！」

那一刻，我突然覺得，自己怕麻煩別人的心態，其實對別人來說，也許是一種傷害。

那天晚上，薇薇坐在我家沙發上感嘆道：「你發現了嗎，我們現在住在城市裡，好像大家的關係都變得很淡漠，同事就是同事，工作就是工作，閒暇的時候，彼此都不連繫。還是很懷念老家，大家都很熱絡。」

我也感慨地說：「大約是我們都把心門關閉，把自己封閉起來了。」

那晚，我們就著昏暗的燈光和酸酸甜甜的水果，破天荒地聊了許多心事，彷彿又回到了學生時代，我們擠在一個被窩裡說悄悄話。臨走時，薇薇對我說：「以後要經常和我連繫啊，不要總是等著我連繫你。不過，就算你不連繫我，我也會連繫你的，誰讓你是我的好朋友呢？」

那一刻，我覺得溫暖極了，也暗暗在心裡下決定：一定要好好改掉怕麻煩別人的毛病，做一個更熱情的人。

— 4 —

很多時候，我也在想，一個不願意打擾別人，也不願意別人打擾自己的人，究竟有什麼樣的心理呢？

不可否認的是，這樣的人，一定是分外獨立的，但在獨立的背後，也一定有著對外界本能的抗拒，對別人刻意的防備以

及些許的自私。

香港電影《天水圍的日與夜》為我們講述了這樣一個故事：

作為大樓裡新搬來的住戶，斤斤計較的阿嬤梁歡總是過著鬱鬱寡歡的孤獨生活。阿嬤每次看到鄰居貴姐，也總是一副冰冷寡淡的模樣，最開始，她們不過是相互淡漠的點頭之交。慢慢的，慷慨溫暖的貴姐，用她的真心和熱情，一點點融化了阿嬤心裡的冰山，阿嬤漸漸接受了貴姐的好意，並且學會了給以貴姐回報。

後來，阿嬤和貴姐的感情，就在一來一回的互相麻煩和互相幫助中，不斷增進，她們的關係也變成了不是家人卻勝似家人。

和阿嬤一樣，在經歷了生活的歷練後，我也學會了不再包裹著自己，學會了適當地向別人求助，學會了接受別人的好意。在這一次次的欠點人情、還點人情的過程中，我逐漸成為更好的自己，也逐漸收穫了許多，不僅工作更有成就感了，身邊的朋友也多了起來。

在我們的身邊，總是有許多的人因為怕背負人情債而不肯向別人求助，對於他們而言，「欠什麼都不要欠人情」的理念根深蒂固。遺憾的是，他們始終沒明白，生活在這個世界上，我們每一個人都是社會人，我們誰也不能獨善其身，脫離團體而單獨存在。

當我們選擇了適當向別人求助的時候，我們只是打破了自己身上的盔甲，讓自己更柔和地走向對方，讓對方更明確地知道了我們對他們的需要，也給對方接納我們，營造了更好的理由。

卡內基 (Dale Carnegie) 在《人性的弱點》(*How to Win Friends and Influence People*) 裡這樣說道：「如果要想讓交情變得長久，那麼你得讓別人適當為你做一點小事，這會讓別人有存在感。」

當我們選擇了做一個適當向別人求助的人時，其實並不代表我們不體恤別人。相反地，這恰恰代表著我們在勇敢地與自己的心魔做鬥爭，在一點點推翻那堵阻擋了別人善意的高牆。

這樣的我們，更富有人情味和煙火氣，也更有資格享受生活的舒適和美好。

精準社交

當我們選擇了適當向別人求助時，其實是在打破身上的盔甲，讓自己柔和地走向對方。

你的行為模式鏡映出孩子的未來

— 1 —

鄰居家的晴晴是一個很乖的孩子，她媽媽經常跟鄰居炫耀孩子懂事聽話。

一次，晴晴媽媽跟我說：「我們家晴晴小時候可乖了，一次她到樓上圓圓家裡玩，回來以後家裡沒人，她就自己一個人坐在樓梯上等我們回家。」晴晴媽媽很得意女兒的「乖巧」，可我聽了心裡卻很不是滋味，小小的孩子寧願一個人坐在樓梯上，也不願意請求鄰居的幫助，這是一件多麼令人心酸的事情啊！在我看來，晴晴的過分「乖巧」和「聽話」，恰恰是家長教育的失職。

晴晴小時候在我們這些熟悉的鄰居面前，還是比較活潑大方的，看見陌生人也不會很害怕。但是，上小學以後她變得十分沉默和膽小，臉上的笑容也越來越少。據晴晴媽媽說，她在學校看到老師和同學也是怯生生的，說話聲音很小，上課也不願意回答問題，在班上也沒有什麼朋友。

一次，數學課上，老師上完課後讓同學們做練習題，其他的同學很快算完了，並開始小組討論交流答案和做法。同學們討論得正激烈時，老師卻發現晴晴一道題也沒做，正坐在那裡擦眼淚呢！

老師就問她：「晴晴，你為什麼哭啊？是不會做嗎？」

晴晴點了點頭，老師又說：「你不會做，為什麼不來問問老師和同學呢？」晴晴什麼都不說，只是掉眼淚。班上的同學都七嘴八舌地和老師說：晴晴從來不和其他同學玩；小組討論也不參與；遇到難題就只會哭。

老師把晴晴的媽媽請到了學校，告訴了她晴晴的情況，希望家長能開導晴晴，讓她變得勇敢開朗起來。晴晴媽媽得知情況後很苦惱，她不明白，晴晴的性格為什麼會變得怯懦，而且在學校也沒朋友，這讓她非常擔心。

為什麼晴晴會變成這樣呢？就是因為她從小被教育要乖要懂事，不要打擾別人。這造成她在學校不懂得求助，也無法和同學建立很好的關係。在我們身邊，有很多家長都和晴晴媽媽一樣，覺得孩子懂事乖巧才好，不僅省心，而且好帶。所以，他們在教育孩子的時候，都喜歡給孩子灌輸聽話、乖巧、別惹事、不要打擾別人的思想。但是，教育孩子「不打擾別人」真的好嗎？

—— 2 ——

那些乖巧懂事、不打擾別人的孩子對家長來說確實很省心，但是孩子自己真的活得很辛苦。這些孩子不會與人打交道，很難交到朋友，有什麼事都自己扛，總是一個人默默地做自己的事。因為害怕打擾別人，他們也不會向別人求助，不知道怎樣與別人建立關係。教育孩子「不打擾別人」，雖然讓自己省心，但卻會害了孩子一輩子。這樣的教育會讓孩子變得孤

獨、沒有朋友，遇事也不敢向別人求助。

「不打擾別人」的孩子容易自卑，平時喜歡什麼，想吃什麼都不敢說，別的小朋友有什麼好吃的、好玩的，他只會在旁邊默默地羨慕，不敢開口告訴父母，僅僅只是為了能做一個父母眼裡「懂事」的孩子。這樣的孩子內心一定會壓抑著很多東西，長大後也是處處為別人著想，不喜歡表達自己的感受。

「不打擾別人」的孩子在成長的過程中，習慣於壓抑自己的感情，因為他們感受過被拒絕的失望，害怕自己再次被拒絕。慢慢地，他們就會對生活失去熱情，也不容易看到自己的價值。因為總是一個人默默做事，他們的努力和成就也得不到別人的認可，自然也不會在生活和工作中積極進取。一個缺乏熱情、消極的人，不會有很好的人際關係的，而且「情勒」也會伴隨著他的一生。有很深「情勒」的人不喜歡打擾別人，更不喜歡別人打擾自己，愛別人對他來說都是一種負擔。

人與人之間的關係，是在「互相幫助」中建立起來的。越是互相幫助，人們之間的交情也越深。透過「互相幫助」人們會從陌生變得熟悉，再從熟悉變成朋友。孩子之間的友誼也是如此，小朋友之間互相幫助才能讓彼此越來越熟悉。如果孩子怕打擾別人，就不會和別人交往，更談不上互相幫助了。

教育孩子「不打擾別人」也會減低孩子的「配得感」，讓孩子變得缺乏自信。小時候我們都覺得自己是童話中的公主和大英雄，可後來我們就不這樣認為了，一方面是因為我們長大了，知

道了童話是虛構的，另一個方面，我們的「配得感」也在逐漸下降，我們「認清」了自己，認為自己不可能成為那樣美好的人。

好奇、好玩、好表揚是孩子的天性，他們生氣時要哭，開心時要笑，有時候會害羞，有時候膽子又特別大，討厭了會大聲說出來，喜歡了就會勇敢地擁抱。你忍心讓這樣一個率真可愛，坦誠的小生命變成一個怯懦、膽小、封閉、不願意打擾別人、也不願別人打擾自己的人嗎？

—— 3 ——

家長在教育孩子的過程中，千萬不要給孩子灌輸「不要打擾別人」的思想。我們可以教孩子獨立自主，但也要教孩子學會求助；我們可以教孩子堅強勇敢，但也要教孩子學會信任和依靠。孩子在成長的過程中，離不開老師、同學的幫助，孩子長大後也不可能獨立一人生活在社會上。我們要讓孩子學會向別人求助，懂得與別人合作，在教育孩子時，我們要注意以下幾點。

👤 經常鼓勵孩子，讓孩子找到自信

不會尋求幫助，不願意打擾別人的孩子往往缺乏足夠的自信，害怕自己會說錯話、做錯事，也很害怕別人拒絕自己。所以，父母要多鼓勵孩子，關注孩子，幫孩子樹立自信。如果孩子已經上學了，家長還應該和老師積極連繫，請老師多多關注和鼓勵孩子，讓孩子戰勝自己的膽怯。

讓孩子體會幫助別人的樂趣

家長可以主動創造機會，讓孩子體驗到幫助別人的樂趣。

例如，利用週末時間去養老院幫助孤寡老人，為山區的孩子捐獻學習用品，幫助家人做家務事等，在做這些事的過程中，孩子能從中得到誇獎和肯定，他也能獲得很大的成就感。這時，家長應該趁機引導孩子，告訴孩子別人也願意幫助他們，因為每個人都能在幫助別人時得到快樂。

讓孩子明白向別人求助的必要性

家長還可以給孩子布置一些比較困難的任務，並讓孩子獨立完成，讓孩子體驗一下「單打獨鬥」的困難。然後再引導孩子在適當的時候尋求其他人的幫助，並教給孩子向別人求助的正確方法和禮貌用語。經過別人的幫助，解決了困難。孩子就能明白，互相幫助的重要性。

讓孩子多參加社會活動

讓孩子參加社會活動，可以幫助孩子樹立正確的人生觀、價值觀和世界觀。多接觸社會上的人和事物，不僅能讓孩子見多識廣，還能讓孩子變得更加開朗和自信。家長可以多帶孩子參加社會活動，例如：集體旅行、集體植樹、社會實踐等，並引導孩子思考，從實踐中學習。

🗣 告訴孩子：「被你打擾我願意。」

父母是孩子最大的依靠和最溫暖的港灣，如果他連父母都不願「打擾」，就更加不會打擾別人了。家長們一定要讓孩子知道，無論遇到什麼問題，都可以向父母求助，而父母也會無條件地提供幫助。只有這樣，孩子的內心才會有安全感，他們在向別人求助時，也會更有底。

孩子之所以會怯懦、不自信，是因為父母沒有給他們充分的安全感。孩子不知道怎樣和別人打交道，也不敢打擾別人。

這是因為他們不自信，而且害怕被拒絕，所以只能一個人孤獨地長大。如果真的愛孩子，就應該教會他如何與別人建立關係，如何適當地「打擾」別人。

精準社交

家長在教育孩子的過程中，千萬不要給孩子灌輸「不要打擾別人」的思想。我們可以教孩子獨立自主，但也要教孩子學會求助。我們可以教孩子堅強勇敢，但也要教孩子學會信任和依靠。

示弱是愛的底層邏輯

—— 1 ——

堅強的人總是不想打擾別人，無論什麼事都選擇自己一個人扛。甚至把應該兩個人去擔的重擔，都攬在了自己的身上，然後拚盡一個人的力氣去承受。

就算累了、痛了也不說，把所有的辛苦都吞進自己的肚子裡。不敢在對方面前說一個苦字，連眼淚也不願意在對方面前掉。生怕對方笑自己不夠堅強、不夠勇敢，恨不得自己變成無所不能的超人；生怕對方說自己不夠好，不夠優秀，任何事都想做得面面俱到。

面對一切壓力，也許也有過要想傾訴的時刻，但是怎麼也開不了口，寧願一個人輾轉反側到深夜，也不願向身邊的親人和愛人尋求幫助，哪怕對方是自己身邊最親近的人，也只願意對對方說一句：「不用麻煩了。」

但是，不打擾別人，又怎麼能得到別人的愛呢？

有些人也許會想：我什麼都能自己做，好像一個人也可以。但是他們的內心深處也十分渴望別人的關懷和陪伴，但就是不願意去開口打擾別人。韓劇《太陽的後裔》中，男主角對女主角說：「談戀愛本來就是自己能做的事，對方非要為你做。」這句話的意思就是，愛你的人，根本不怕被你打擾。

在日常生活中，如果有一個和自己關係一般的同事明明可以自己去吃飯，卻懶得出門，非要我們幫他帶。第一次我們會很樂意，第二次也可以，第三次、第四次也勉強接受，但是如果對方天天如此呢？我們還會願意嗎？我想每個人都不願意接受這樣的「打擾」。

但是，如果把這個人換成我們愛的人呢？我想很多人應該會甘之如飴吧！這是因為我們愛對方，希望自己能為對方做點什麼。所以，當對方「打擾」我們時，我們一定不會置之不理，而是會盡力地幫助他／她。這是我們和愛人在一起時應盡的責任，也是我們心甘情願為對方去做的事情。

愛一個人，就不會怕對方來打擾自己。雖然我們知道對方有能力自己做到，但我們仍然願意支援他／她，與他／她共同進退。因為我們也相信，對方願意為我們做任何事。這是因為我們和對方之間有愛的存在，當一個人覺得自己的另一半麻煩時，就說明他／她不夠愛對方。因為，愛一個人就會心甘情願地為對方付出，對方的任何要求我們都不會覺得煩。不愛了，對方在我們眼中成為累贅，為對方做任何事，我們都會嫌煩。

—— 2 ——

一次，幾個好朋友約好週末一起聚會，但是大家都到了，小雯卻遲到了，她解釋說：「不好意思，我等計程車等了好久。」

　　其實，小雯的老公是有車的，而且當天是週末，他也不用上班。於是有一個朋友就奇怪地問小雯：「你們家不是有車嗎？你自己沒駕照，可你老公有啊，怎麼不讓他送送你呢？」

　　小雯尷尬地笑了笑，說：「他很忙，沒時間，這點小事就不打擾他了，我自己也能來。」雖然小雯嘴上這麼說，但她心裡卻很不是滋味。聚會結束後，天色已晚，而且下起了大雨，小雯拒絕了朋友們的順風車，又一個人站在那裡等計程車。

　　等了好久都沒有等到車來，於是她打電話：「我等了半天沒等到計程車，你能不能來接我一下。」

　　小雯的老公卻說：「雨下得這麼大，我去接你也很花時間，路上還要塞車，你就自己搭車回來吧，反正也不遠。」

　　小雯的老公因為怕花時間，讓她一個人在雨裡等了很久，小雯很傷心，但她選擇了默默承受。因為她很愛自己的丈夫，願意為他付出，也生怕打擾他。

　　總是把自己放在塵埃裡，卑微地愛著對方，但是換來的卻是對方的習以為常。生活中，一定有很多像小雯一樣的人，生怕讓自己愛的人受累，什麼事都選擇一個人默默承擔。但是，他們卻沒有想到：願意關心另一半，真心愛另一半的人，一定願意為另一半付出。

　　有時候，我們怕自己的打擾讓另一半厭煩，什麼事都自己做，一方面，是因為對自己沒有信心，哪怕對方十分樂意，我

們也不敢打擾對方;另一方面,是因為我們不願意面對「他／她沒那麼愛我」這個事實。但是我們應該告訴自己:「愛你的人,到哪裡都順路;想你的人,再忙也有空。」

愛一個人,有很多表達方式,有的人感情外露,有的人默默關心,但歸根到底只有一句話,那就是:你的打擾,我甘之如飴。不愛我們的人,總會嫌我們太多事;而愛我們的人,永遠都會為我們付出,他／她永遠會在我們開口求助之前說:「沒關係,讓我來吧!」

精準社交

家長在教育孩子的過程中,千萬不要給孩子灌輸「不要打擾別人」的思想。我們可以教孩子獨立自主,但也要教孩子學會求助。

合理授權與放權，方可掌控人心

—— 1 ——

　　從道德層面上來說，一個領導者事必躬親是一種美德，這種美德可以作為一種企業精神去宣傳，但不適合運用在實際的管理工作中，不懂得合理授權的主管，不是合格的主管，只有會授權下屬的主管，才是好主管。

　　不合理放權，把手中的權利控制得太緊，就會讓下屬無法靈活地開展工作，也會影響下屬的工作積極性。而且，主管把手中權力握得太緊，會導致後來者和繼任者難以接班，給工作交接帶來不便。

　　事必躬親，還會給領導者本人造成很沉重的負擔，一個人的精力畢竟是有限的，身為主管，本身就有很多事務要處理，如果不懂得合理放權，就會把自己「累死」。

　　美國著名的杜邦公司的第三代繼承人尤金·杜邦（Eugene du Pont），就是一個喜歡事必躬親的領導者。他在掌權後，堅持實行「一條龍」的管理模式。尤金·杜邦本人對公司擁有絕對控制權，公司所有的主要決策和一些小決策都要他來拍板，所有的支票都由他親自開，所有的合約也由他親自簽，他親自回覆郵件，一個人決定利潤分配，親自巡視全國所有的幾百家經銷商。

　　每次公司會議上，總是尤金·杜邦發問，其他人回答，他

的絕對集權式管理，使杜邦公司的管理完全失去了彈性，在激烈的競爭面前也失去了靈活性。在遭遇連續幾個致命打擊後，杜邦公司瀕臨倒閉。同時，尤金本人也陷入了公司內部的矛盾中，1920 年他就因體力透支而去世了。

擊垮領導者的不是那些重大的挑戰和困難，而是一些雞毛蒜皮的小事。其實，歸根到底，都在於領導者的「有權不授」。

—— 2 ——

有的領導者總認為自己能力很強，事事都要求別人按照自己的要求去做，甚至事必躬親，這種做法一定會削弱組織的活力和創造力，雖然，這樣的主管很有責任心，但是這份責任心卻沒有造成正面效果，反而為企業管理帶來了一些弊端。

占用領導者自己大量時間和精力

事必躬親的主管會把時間大量花在雞毛蒜皮的事情上，不利於統籌全局，也占用了思考管理工作和處理其他重要事務的時間和精力，有可能會「撿了芝麻，丟了西瓜」。主管事必躬親，從企業管理的層面來說，是得不償失的。

讓下屬的才能和潛力得不到發揮

本來是下屬的分內事，主管卻代勞了，下屬就不用花很多心思在這項工作上了。而且下屬自己想到的其他做法，主管也不一定會採用，長此以往，下屬的創新意識就會慢慢退化，直至消失。

● 會令下屬產生厭惡情緒

下屬之間發生了矛盾，本來可以自己解決，如果主管在不了解原因的情況下出面干涉，有可能會作出不公正的判斷，讓下屬受到不公正對待。這樣一來，下屬的工作積極性就會受到很大打擊，還會對主管產生怨恨情緒。

● 讓下屬產生依賴性

能幹而且事必躬親的主管一定會讓下屬產生依賴心理，他們什麼事都會等著主管來解決，什麼爛攤子都等著主管來收拾，一旦形成了這種依賴性，主管就是想放手也放不開了。

在很多企業中，許多主管整天忙得焦頭爛額，每件事都親自過問，不希望工作出任何紕漏。這種事事求全的願望雖然是好的，但是往往收不到好的效果。

—— 3 ——

李嘉誠曾經這樣說：「我是雜牌軍總司令，我拿機槍比不上機槍手，發射砲彈比不上炮手，但是總司令懂得指揮就行了。」作為企業的指揮官，主管只需要抓住大方向，其他的地方就放權給下屬，讓下屬發揮自己的作用。

作為主管只需要抓住財權、人事任免權、和最終決策權，並作到當機立斷，「該出手時就出手」就可以了，其他的「小」權利應該交給自己的下屬。但是，主管要懂得把權力交給正確的

人，否則就會令企業蒙受損失。那麼，主管應該授權給誰呢？

主管在向下屬授權時，可以考慮以下幾類人：

🗣 忠實執行上司命令的人

嚴格執行主管下達的命令，是下屬必須嚴格遵守的第一大原則。即使和主管有不同意見，也應該先找主管反映自己的想法，和主管商量，如果主管依然不接受，那麼就要服從主管的決定，有些下屬在自己的意見沒有被主管接受時，就抱著敷衍了事的想法去做事，這樣的人不應該成為協助主管的人。

🗣 勇於承擔責任的人

權利和責任從來都是一體的，主管把權利交給下屬的同時，也是把一部分責任交給了他。所以，授權的對象必須是一個勇於承擔責任的人，能為自己做的決定負責，能對主管的信任負責。不敢負責任的人，是難當大任的。

🗣 能獨立做好分內事的人

遇到任何事，哪怕是一點雞毛蒜皮的小事，也要向主管請示，這樣的員工往往在能力上有所欠缺，或者對自己不夠自信。主管放權給下屬就是為了要集中精力抓大方向，如果下屬依然事事請示的話，放權就沒有意義了。

所以，主管在選擇放權對象時，要選那些能獨立做好分內事，能在許可權之內獨立做出判斷的人，這樣的人才是主管的左膀右臂。

● 主管不在時能擔起留守責任的人

有些下屬在主管不在時，就會精神鬆懈，忘記自己的職責和工作。而有些下屬，在主管不在時，依然能認真做好自己的工作，並完成好主管交代的臨時任務。這樣的下屬，一般會被主管任命為代行職權的人，也是主管放權的合格對象。

● 隨時準備回答主管問題的人

能隨時回答上司問題的人，一定是對自己的工作，對整個部門的工作瞭如指掌的人。這樣的人不僅業務精深，而且對公司和部門的大方向也有一定了解，主管把權力授予他們時也會感到很放心。

● 關注細節，善於向主管提問的人

主管由於事務繁忙，難免會忽略某些工作上的細節。如果一位員工能注意到一些實際工作中的問題，並及時向主管反映，提出自己的看法。這樣的人也可以成為主管的好助手，主管放權給他們能在企業管理上造成正面的作用。

諸葛亮事必躬親、鞠躬盡瘁，最後卻積勞成疾，而且他死後蜀漢就開始走下坡路。一個企業的主管如果不懂得合理授權，不懂得「麻煩」下屬，那麼他的企業和部門一定是缺乏活力的，也是缺乏動力、不能持續發展的。

精準社交

　　擊垮領導者的不是那些重大的挑戰和困難，而是一些雞毛蒜皮的小事。其實，歸根到底，都在於領導者的「有權不授」。

電子書購買

爽讀 APP

國家圖書館出版品預行編目資料

擺脫冒名頂替症候群，提高自己的關係「配得感」：富蘭克林效應 × 社會交換理論 × 登門檻效應，做人不只要獨立自主，還要學會大膽求助！ / 唐保麗 著 . -- 第一版 . -- 臺北市：財經錢線文化事業有限公司 , 2024.01
面； 公分
POD 版
ISBN 978-957-680-725-1(平裝)
1.CST: 社交技巧 2.CST: 人際關係
177.3   112021938

擺脫冒名頂替症候群，提高自己的關係「配得感」：富蘭克林效應 × 社會交換理論 × 登門檻效應，做人不只要獨立自主，還要學會大膽求助！

臉書

作　　者：唐保麗
發 行 人：黃振庭
出 版 者：財經錢線文化事業有限公司
發 行 者：財經錢線文化事業有限公司
E - m a i l：sonbookservice@gmail.com
粉 絲 頁：https://www.facebook.com/sonbookss/
網　　址：https://sonbook.net/
地　　址：台北市中正區重慶南路一段六十一號八樓 815 室
Rm. 815, 8F., No.61, Sec. 1, Chongqing S. Rd., Zhongzheng Dist., Taipei City 100, Taiwan
電　　話：(02) 2370-3310　　傳　　真：(02) 2388-1990
印　　刷：京峯數位服務有限公司
律師顧問：廣華律師事務所 張珮琦律師

定　　價：375 元
發行日期：2024 年 01 月第一版
◎本書以 POD 印製
Design Assets from Freepik.com